我的澳洲故事

我是谁？

[澳]安妮塔·海斯 著　李尧　郇忠 译

My Australian Story
Who am I?

中华书局

My Australian Story : Who Am I?
Text copyright © Anita Heiss, 2001
First published by Scholastic Press, an imprint of Scholastic
Australia Pty Limited, 2001
Copyright licensed by Scholastic Australia Pty Limited ar-
ranged with Andrew Nurnberg Associates International Limited

图书在版编目(CIP)数据

我的澳洲故事:我是谁?/(澳)海斯(Heiss, A.)著;李
尧,郇忠译.—北京:中华书局,2012.10
ISBN 978-7-101-08837-3

Ⅰ.我…　Ⅱ.①海…②李…③郇…　Ⅲ.澳大利亚-
历史-通俗读物　Ⅳ.K611-49

中国版本图书馆 CIP 数据核字(2012)第 185687 号

书　　名	我的澳洲故事:我是谁?	
著　　者	〔澳〕安妮塔・海斯	
译　　者	李　尧　郇　忠	
责任编辑	余　瑾	
出版发行	中华书局	
	(北京市丰台区太平桥西里 38 号　100073)	
	http://www.zhbc.com.cn	
	E-mail:zhbc@zhbc.com.cn	
印　　刷	北京瑞古冠中印刷厂	
版　　次	2012 年 10 月北京第 1 版	
	2012 年 10 月北京第 1 次印刷	
规　　格	开本/880×1230 毫米　1/32	
	印张 6⅜　插页 2　字数 90 千字	
印　　数	1-7000 册	
国际书号	ISBN 978-7-101-08837-3	
定　　价	20.00 元	

目录 contents

中译本序言

　　澳大利亚和中国的关系源远流长，成果丰硕。在两国关系的发展进程中，文学翻译对两国文化和文化历史的相互了解做出了重要贡献。

　　安妮塔·海斯撰写的《我的澳洲故事：我是谁？》为中国人民打开一扇新的窗户，让他们看到七十多年前，澳大利亚原住民和非原住民之间常感紧张的关系。这本书讲述了一个原住民女孩五岁时和家人分离，后来到悉尼一个非原住民家庭生活的故事。通过这部小说，读者可以更深刻地了解澳大利亚原住民的生活以及"被偷走的一代"经历的痛苦、忧伤和巨大的损失。

　　李尧教授翻译的《我的澳洲故事：我是谁？》捕捉到了这个独特的澳大利亚故事的精髓。三十多年来，李尧教授一直致力于把澳大利亚文学介绍给中国读者的工作，翻译了澳大利亚重要的文学作品。《我的澳洲故事：我是谁？》是他继翻译出版诺贝尔文学奖获得者帕特里克·怀特的《人树》、《树叶裙》、《镜中瑕疵》，托马斯·肯尼里的《内海的女人》，彼得·凯里的《凯利帮真史》、《亡命天涯》等澳大利亚著名作家的重要作品之后的最新译者。李教授通过他的翻译向中国读者准确地反映出澳大利亚文化和文化史的多样性。我非常荣幸地借此机会感谢他的工作和奉献。

2008 年，澳大利亚政府十分高兴地授予了李教授"澳中理事会奖"，以表彰他对两国文化交流做出的贡献。

澳大利亚前总理　陆克文

2011 年 5 月 17 日

中译本前言

　　出于为那些受苦受难的人呐喊的责任感，我开始撰写《我的澳洲故事：我是谁？》。这是一部关于"被偷走的一代"的历史小说，描绘了一个小姑娘的心路历程。根据《新南威尔士州保护法》，她被迫与家人分离，被送到博默德里土著儿童收养院。后来，又被悉尼北岸一个爱尔兰天主教家庭收养。她的经历让我们看到同化政策毁灭性的力量以及澳大利亚政府如何试图把原住民从他们的家庭、故土和历史中分离出来。

　　玛丽是个虚构的人物，但我的祖母艾米·威廉斯确实曾与她的妹妹一起被送到库塔蒙德拉女童收养院。后来，她们又被送到阿斯菲尔德的好牧人收养院。我的祖母和许多"被偷走的一代"的女孩一样，年纪大一点之后，就被迫变成白人的家奴，为他们做家务。

　　我写《我的澳洲故事：我是谁？》的时候，不仅仅依靠存放在堪培拉澳大利亚原住民和托雷斯海峡岛居民研究院的官方文件，我还和曾经在博默德里土著儿童收养院生活了九年的多位长者座谈。书稿成形之后，我又送给 Link Up NSW（帮助原住民儿童与失散亲人联系的组织），希望把这本书写得更准确，希望得到他们的认同。因为这本书不是为阿尼塔·海斯一个人写的。我是为那些希望把他们的故事讲出来、经过核对、鉴定，最重要的是被人们阅读的人而写的。

这个故事是许多同类故事中的一个。这些故事旨在与那些仅仅因为是原住民就被迫骨肉分离的孩子们一起感受心灵的痛苦和精神的混乱。政府认为，原住民儿童被白人家庭收养不但会过上更好的生活，而且由于和家人分离，原住民社会和民族最终就会彻底消亡。

许多年以来，原住民没有能够用自己的声音记录下澳大利亚历史重要的方面。用文字记录的历史完全遗漏了殖民主义影响下的种种事实。当殖民主义者记录一个国家历史的时候，全然忘记了他们对原住民造成侮辱与损害的那个黑暗时代。这本书的目的就是填补没有文字记录的这段历史空白。这不是原住民的历史，而是澳大利亚的历史。

所有澳大利亚人和我们的邻居中国人，一定要读一读"被偷走的一代"的故事。只有这样才能对我们作为当今世界民族大家庭中的一员，有更全面的了解。

　　许多原住民今天仍然在寻找他们回家的路。这本书就是为他们而写。

安妮塔·海斯（威拉德朱里族）

2011 年 6 月 24 日

译者前言

安妮塔·海斯（Anita Heiss, 1968—）是澳大利亚当代最有影响的年轻的原住民作家之一，也是第一位获得西悉尼大学文学博士学位的原住民。她出生在新南威尔士州中部的威拉德朱里部族，在悉尼郊区马特拉威尔长大，现定居悉尼。安妮塔·海斯出版的作品包括历史小说、诗歌、社会评论等。作为澳大利亚原住民精英的代表，她经常应邀出席作家节和各种国际学术活动，介绍她的作品以及她对澳大利亚原住民文化研究的成果。2007 年，安妮塔出版了《没有遇到另一半》(*Not Meeting Mr. Right*)，赢得很高的声誉，获得"杰出文学贡献奖"。2008 年，又出版了该书的续集《远离另一半》(*Avoiding Mr. Right*)。2008 年，安妮塔还和彼得·敏特共同编著了《麦夸里大学笔会原住民文学选集》(*The Macquarie Pen Anthology of Aboriginal Literature*)，该书介绍了八十一位原住民作家、剧作家、诗人、词曲作家的作品，可以说是第一部澳大利亚原住民文学艺术史，极具学术价值。

2006 年，她出版了《我的澳洲故事：我是谁？》。这本书讲述了澳大利亚历史上备受关注的"被偷走的一代"的故事——原住民女孩、五岁的玛丽被迫与亲人骨肉分离,天各一方,在"收养院"受尽煎熬。几年后,她又被送到一个白人家庭,在侮辱与欺凌中长大。小玛丽不愿意在"白澳政策"的桎梏下生活,苦苦追寻,盼望有朝一日和亲人团聚。故事背景设在 1937 年,从一个小女孩独特的视角出发,以日记的形式叙述了一个民族悲惨的故事,揭示了 20 世纪澳大利亚原住民与白人之间的历史关系。

安妮塔·海斯这本反映"被偷走的一代"的作品出版之后,在澳大利亚社会引起很大反响。它像一支熊熊燃烧的火炬,点燃了澳大利亚原住民心中闷燃多年的火焰,也引起澳大利亚千百万善良、正直的白人和其他少数民族人民的共鸣。《我的澳洲故事:我是谁?》作为教材,在澳大利亚小学的课堂上使用,原住民儿童曾经的悲惨历史第一次展现在七十年后他们的"同龄人"面前。《我的澳洲故事:我是谁?》还被迅速翻译成西班牙语和法语出版。文学艺术作为政治的晴雨表,从来就以"先声夺人"之势引导社会舆论,激荡革命潮流。安妮塔认为，"今天的原住民文学代替了政治团体，成为一个政治舞台，呼喊出原住民的心声。我们的小说、诗歌、传记都从原住民的视角出发，阐述了原住民对这个国家文化、社会、政治、历史的观点"。反映出原住民心声的安妮塔的作品和澳大利亚一大批有良知的作家、艺术家的作品一起，对澳大利亚国内政策的走向，产生了巨大的影响。

2008 年 2 月 13 日，澳大利亚新任总理陆克文在国会重开之际，兑现竞选时的承诺，就"被偷走的一代"向澳大利亚原住民正式道歉。

那一天，国会大厅挤满了前来旁听的原住民和各种不同文化背景的人。成千上万的市民驻足在马路边与公共场所，屏住呼吸倾听新总理的讲演。陆克文总理满怀歉意，大声说："澳大利亚迎来了改正过去的错误、满怀信心地前进、共同谱写历史新篇章的时刻。过去历届议会和政府制定的法规和政策，对我们澳大利亚的同胞造成了极大的痛苦、伤害和损失，为此我们道歉。尤其对那些被从他们的家庭、社区带走的原住民和托雷斯海峡居民的孩子，我们道歉。为'被偷走的一代'、他们的后人以及他们的家庭所遭受的痛苦，我们说对不起。对那些骨肉离散的父亲母亲、兄弟姐妹，我们说对不起。这种不体面的行为，对我们引以为荣的文化和强烈的民族自豪感造成巨大的伤害，我们因此而说对不起！"

澳大利亚文艺评论家维罗妮卡·布拉德利说："历史不一定必须是主宰命运或者表示知罪的场合。它还可以告诉我们实现和谐的途径，并使之成为新的起点。"安妮塔·海斯的《我的澳洲故事：我是谁？》作为历史长河中一个小小的注脚，也以其积极向上的乐观态度和对光明未来的追求与期盼，和陆克文总理的"道歉"一起，成为澳大利亚和谐历史的新起点。

现在，陆克文先生又特意为《我的澳洲故事：我是谁？》中文版撰写了序言，不但进一步阐明他的立场，显示出他作为一个政治家的宽阔胸怀，而且充分表现出他对中澳文化交流的重视、对中国人民的美好情谊、对中国文学工作者的热情支持。这一切让我们深受感动。我们愿意借此机会，向陆克文先生表示崇高的敬意和深切的谢意！我

们将在澳大利亚政府和澳大利亚朋友的支持下，为中澳文化交流做出
更大的贡献！

李尧　郁忠

2011 年 6 月 14 日，北京

玛丽 · 泰伦斯日记
1937年于悉尼

博默德里土著儿童收养院

我的名字叫玛丽·泰伦斯。以前，人们管我叫艾米·查尔斯。可是五年前，我刚到这个土著儿童收养院，他们就给我改名换姓。那时候我才五岁……

1937年1月27日　星期三

我的名字叫玛丽·泰伦斯。以前，人们管我叫艾米·查尔斯。
可是五年前，我刚到这个土著儿童收养院，他们就给我改名换姓。那
时候我才五岁，今天是我十岁的生日。你[1]是罗斯院长送给我的生日
礼物。她在这儿管事儿，又像我的妈妈。我是她最喜欢的孩子，每逢
我过生日，她总要送礼物。她特别喜欢我，让我在这儿待的时间比别
的孩子都长。你知道吗？这个收养院的孩子长到十岁，都得离开。大
多数女孩儿去库塔蒙德拉女童收养院，男孩儿去金切拉男童收养院。
不过，只有皮肤最黑的孩子们才去那些地方。浅肤色的孩子们去孤儿
院，比如帕拉马塔[2]、卢坦达和温特沃斯福尔的伯恩赛德孤儿院。这些
孤儿院收养失去父母的孤儿，不只是土著小孩儿。我就不同了，收养
院让我在这儿多待一段时间，帮助他们照料更小一点儿的孩子。我觉

---

① 这里的"你"指玛丽写日记的日记本。
② 帕拉马塔：澳大利亚东南部的一个城市，是悉尼城郊的生产区，建于1788年。

得这个收养院就是自己的家，不想再跑到伯恩赛德或者"库塔"——他们管女童收养院叫"库塔"——再"建"一个新家。还有一些孩子甚至到陌生的白人家生活。说来好笑，去白人家的孩子皮肤不黑，都是些肤色比较浅的小家伙。也许因为，肤色浅的孩子更容易适应白人家庭、学校，或者别的什么和白人有关系的玩意儿。

我的皮肤是浅褐色的，院长管我叫"咖啡色小公主"。我满头长长的深褐色鬈发，还有一双褐色的眼睛。我们这儿有的孩子皮肤颜色的的确确很深。我想，他们一定是晒太阳晒得太多了。有时候，我们不得不按照肤色由深到浅排队，好弄清楚哪个孩子应该去哪种收养院，谁又可以被白人家庭收养。我们这些小孩儿对以后要发生的事情一无所知，只是按照他们的吩咐去做。不过，既然院长像妈妈一样，她一定知道怎么做对我们最好，是吧？

我最好的朋友是玛伊，和我同岁。院长叫她"巧克力小公主"，因为她的肤色非常黑，长着一双褐色的大眼睛和一头深褐色的头发。她笑起来很滑稽，声音很大。她紧挨着我睡，我们是世界上最要好的朋友，无话不谈。我想，我们永远都是好朋友。

罗斯院长说，我应该把每天做的事情都写在你上面。我做的事情可多了，我会把这些事情都告诉你。这样一来，你就是我新交的知心朋友了，我心里的秘密你都能知道。不过现在我得上床睡觉了，明天再写吧。

1月28日　星期四

　　既然我们是好朋友了，我猜，你一定想知道我是怎么来到这所土著儿童收养院的。唉，我记得不多，因为我和我的两个小弟弟布卢伊、巴斯塔、妹妹贝蒂以及堂弟麦克斯一起被带到这里的时候，我才只有五岁。我们离开真正的家那天，是我一生中最悲伤的日子。我的几个婶婶和我妈都哭了。妈妈说，她不想让我们走，可是那几个穿制服的人说，必须跟他们走。我的弟妹们年纪很小，小得甚至都不记事，只懂得哭。我想，他们是因为害怕。我至今也不明白，他们为什么要把我们送到这儿。

　　现在，布卢伊、巴斯塔、麦克斯和贝蒂都到别的收养院去了。自从他们离开这儿，一直没有消息。我非常想念他们。他们走了以后，我每天都哭，心都碎了。我的亲生父母和兄弟姐妹都离我而去了。我也想去，想和亲人们待在一起。可是罗斯院长说，我和她待在收养院更好。我非常想念他们，希望他们一切顺利。

　　我还有两个姐姐——玛格丽特和珍妮，一个哥哥——詹姆斯。不过我不知道他们在哪儿。也许，他们还和爸爸、妈妈一起生活在家乡。有几次我向罗斯院长打听他们的消息，可是她不让我再提起他们。我就不再询问了。现在，玛伊就像我的亲姊妹。

　　刚到这儿的那天，我什么也不知道。我还以为我们是在度假或者干什么好玩的事儿呢！能坐火车，还能吃到三明治和饼干，我还挺高兴。因为妈妈和爸爸没跟我们在一起，所以我并不知道真的发生了什么事情，我只是一直照看那几个小家伙。

在这里照顾孩子们的修女都很好，可是谁也不告诉我们，为什么把一帮小孩子弄到这样一个地方，为什么我们再也不能和爸爸、妈妈生活在一起。妈妈来看过我们几次，后来就再也不来了。也许因为每次探望她都非常伤心，也许因为她不想再看我们了。我纳闷，是不是自己做错了什么事？妈妈哭了很久，弄得我也哭了起来。我非常想念她，想念她的拥抱，想念她给我唱歌。她还教我唱歌。我喜欢唱，现在也经常唱。所以，我真的非常想念妈妈。可是现在，每当我伤心难过的时候，拥抱我的是罗斯院长。她还说，我应该把心里话写给你。这就是我正在做的事情，对吧？

我很幸运，能记得亲生父母。妈妈非常漂亮，长长的黑色鬈发披在身后。她的个子不太高，反正没有爸爸那么高。爸爸才高呢！有人管他叫"大个子"。他短头发，绿眼睛，身强力壮，肌肉发达——一定是因为经常搬运木材盖房子的缘故。他好像总是在盖什么东西。这就是我对爸爸做过的事情的全部记忆。哦，他还喜欢钓鱼。他是个钓鱼能手。妈妈是个很棒的厨师，常常给全家人做大烩菜吃。我很想爸爸和妈妈，每天都想，可是不能说出口。这里的孩子谁都不能提起自己的爸爸、妈妈或者别的亲人。绝对不能。夜里，我常常听见小姑娘们因为想妈妈哭泣，听见她们从噩梦中惊醒，听见她们尿床后的呜咽，但是谁也不敢把心里话说出来。玛伊和我都不说，你更是绝对不能说。

　　有许多比我还小的孩子甚至连爸爸、妈妈都记不得了。因为他们来收养院的时候还是婴儿。他们以为那些修女或者院长就是他们的妈妈呢！因此，他们叫罗斯院长"妈妈"。院长并不介意。我想，这一定因为，她喜欢孩子们管她叫妈妈。孩子们还管别的工作人员叫姨妈、舅妈或者别的什么"妈"。收养院有点儿像家庭，一个很大的家庭，是吧？

　　今天，他们送来一个出生只有一个星期的小女孩儿。小家伙实在小得可怜。来这里的一些婴儿非常非常小，就像褐色的小玩具娃娃。他们只知道收养院是他们的家。还有一些婴儿虽然有几个月大，但也不知道谁是他们的爸爸、妈妈。我当然也不知道他们的父母亲在哪里，更不知道他们为什么要像我一样来这里生活。我问过院长，孩子们为什么要来这儿？他们的父母亲在哪里？院长只说"这是件好事儿"，或者说"他们的父母亲都死了"，可是没说他们是怎么死的。这事儿就怪了。我不知道为什么他们都死了，不过我没敢问，因为没有人谈论这种事情。

　　因为我能很好地照料那些小孩儿——他们之中有一些还是婴儿——收养院的修女们夸我长大了。我想这就是她们让我留下来的原因，我能像个成年人一样帮她们干活儿。

1月29日　星期五

　　你想知道你在我枕头下面躺着的时候，我都做了些什么事吗？那就让我告诉你。我和你说过，这儿的孩子大多数都是婴儿和幼儿班的孩子，数我年纪最大，就像他们的大姐姐。我的确像个大姐姐。也许这就是妈妈让我来这儿的原因——在家的时候，我能很好地照料布卢伊、巴斯塔、麦克斯和贝蒂，她就认为我能帮助修女们照料这几个孩子。可是，这里有更多的孩子需要照料。

　　收养院现在有四十多个孩子，二十多个男孩儿，二十多个女孩儿，就像一大家子人。院长说，我们这儿最多能收养四十七个孩子。收养院还有六个修女，一个修士——安德鲁修士，不过我们都管他叫安德鲁大叔。再加上罗斯院长，就是一个大家庭，对吧？我们每天都要洗很多很多盘子。你是一个日记本，晚饭过后用不着洗盘子，自然轻松愉快。不过，洗盘子也算不上什么坏事儿。玛伊和我一块儿洗，有时候我们俩也觉得这活儿挺好玩儿。

1月30日　星期六

　　星期六是我最高兴的日子，因为我们可以开开心心地玩儿，比如，去海滩或者丛林游玩。博默德里在肖尔海文河的岸边，离瑙拉不远，附近有许多美丽的乡村值得去看看。今天我们去博默德里的小河里游泳。修女们知道我喜欢游泳，就不再让我照看那些小家伙了。这样一来，我就可以一心一意地和玛伊玩了。我们去游泳，还爬树。小达斯特胆儿小，爬上去就不敢下了。后来，还是一位修女把他从树上抱下来的。这事儿怪我，我不该让他爬那么高。你知道吗，他才四岁。瞧瞧，我还一直说自己是大姐姐呢！我很喜欢达斯特，他让我想起堂弟麦克斯。麦克斯就常常爬上树，然后假装爬不下来，好让大伙儿都注意他。我非常留恋和麦克斯还有别的堂兄弟们一起玩耍的情景。我不知道他们现在在做什么，是和婶婶芭芭拉在一起呢？还是生活在哪个收养院？

1月31日　星期日

　　今天我们去了教堂，因为收养院的人都得成为真正的基督教徒。我们去的是瑙拉浸礼会教堂。在那儿和传教士们一起做祈祷，还听了布道。在教堂有时候觉得好玩，有时候又烦得要命。我在这儿见到了那些修女，还有安德鲁修士（他来附近办事）。他们在浸礼会传教士学院接受培训，因为他们都想成为传教士，向土著人传教。

　　今天天气很热，安德鲁修士让几个年纪很小的孩子坐他的汽车，杂货店老板让另外几个孩子坐他那辆大卡车，车上还装着水果。

别人只得来回步行，这是一件很辛苦的事情。不过，我们都穿上漂亮的鞋子和星期日才穿的最好的衣服。女孩子的衣服是带褶子的束腰外衣，头上系色彩艳丽的发带。我的发带是蓝色的，玛伊的是红色的。我们还穿上齐膝的毛袜和擦得闪闪发亮的、新颖别致的黑皮鞋。穿鞋可是件了不起的大事，因为除了去教堂，整个星期我们都不穿鞋。这些漂亮的衣服是悉尼各地浸礼会教堂捐赠的。悉尼一定住着非常善良的人，是吧？

因为我们是基督教徒，所以在收养院里祈祷的次数很多。吃饭前，要念祈祷文，感谢上帝赐给我们食物。饭后也要祈祷，接着唱三四遍浸礼会圣歌。你知道吗？就像在音乐的伴奏声中祈祷。

因为我做了各种祈祷，所以我相信我会升入天堂。天堂在云彩上面的天空里，是人死后灵魂要去的地方。不过，只有活着的时候做好事的人，灵魂才能上天堂。坏人的灵魂只能下地狱。地狱在地下，里面非常非常热，魔鬼是那儿的主人。

2月1日   星期一

和平常一样，今天我去上学（当然，星期六和星期日除外）。我们每天早晨 7 点吃早饭。早饭是稀粥和抹了糖蜜或者果酱的面包，然后步行两英里，去博默德里小学上学。上午 9 点上课，上课之前，可以玩半个小时。五岁和五岁以上的孩子都得去上学。任何人，不管肤色深浅，都得上学。收养院的孩子们，谁也没有鞋穿。冬天，这是很痛苦的事情。天寒地冻，有时候地上甚至结了冰，我们就捡冰吃。因为总是在严寒中光着脚走路，孩子们的脚后跟都冻得裂开了口子。修女们用几大盆放了猪油和别的什么东西的肥皂水揉我们的脚，直到僵硬的小脚又变得柔软。我想，我们一定是长了人们常说的冻疮。不过，现在天气暖和了，虽然地面有时候烫脚，但还可以忍受。

　　我们上学时带的三明治包着一层黄褐色的纸。有时候，他们把三明治都装在一个盛砂糖用的袋子里。我对上学并不反感。我们学习读书、写字、做算术题。只有别的孩子管我们叫"收养院的孩子"时，我才不喜欢学校。他们这样叫，让人觉得生活在收养院不光彩。可是，他们并不知道，收养院里有的孩子父母双亡，有的孩子是因为别的什么原因才迫不得已来到这里。今天有人这样叫我们时，玛伊就十分难受。

2月2日　星期二

　　哦，你一定还想知道我的生活是个什么样子，对吧？我想，我的生活肯定比一个日记本丰富多彩。不过话说回来，比起整天躺在抽屉里睡大觉的日记本，人要辛苦得多。在收养院，我们可不能闲着，得干活儿。我们有的人在婴儿室帮忙，喂小家伙们吃饭，或者给他们换尿布；有的人在洗衣房干活，或者洗盘子。冬天，我喜欢去厨房帮忙，因为厨房里有个大火炉，修女们做饭的时候，那里很暖和。我们用不着帮她们做饭，但有时候要清洗油烟机。那可是一件很麻烦的活儿，要把热肥皂水或者碱水倒到油烟机里清洗。

如果我们没有干完分配给我们的活儿，或者干得不好，就会招来麻烦。我们的腿就会挨棍子，或者被树枝抽打。不过他们只打腿或者胳膊，不打脑袋，也不打像脑袋那样重要的地方。因为我的活儿干得很好，所以从来没有挨过打。男孩子们常常受到处罚。我不讨厌干活儿，干活儿时一直唱歌。玛伊也唱，不过我唱得比她好听。我能唱出高音，她唱不出来。

2月3日   星期三

我得把收养院的真实情况告诉你，这样，你就知道周围的环境了，对吧？收养院已经有三十多年的历史了。以前，它是一处农舍，有四个房间、一个厨房，占地两英亩半。因为装不下所有的孩子，他们又盖了几间房。婴儿都住在婴儿室，在那儿长到三岁。还有一幢房子包括两个餐厅（儿童餐厅和修女餐厅）、一个厨房和一个食品储藏室。修女们住在另外一幢房子里。每一幢房子周围都有游廊。七岁到十岁的孩子们就睡在游廊里。四岁到七岁的孩子们睡在中间的宿舍里。男孩子和女孩子睡觉的地方是分开的，浴室也是分开的。浴缸很大，四个女孩儿可以同时在里面洗澡。洗澡的时候，孩子们嬉水打闹，笑声不断。夏天蚊子特别厉害。窗户大开着，那些可恶的家伙飞来飞去，真能把你活活咬死。今天早晨，我让院长看蚊子咬的包，她说我的血肯定是甜的。收养院还有一个客厅，那是官员们来这儿察看时休息的地方，我们从来没有进去过。

你知道吗？院长对我说，有一次，收养院差点儿被丛林大火烧成平地。

2月4日　星期四

说起来挺好玩儿。有你以前，我不是玩儿，就是照看那些小家伙。可是现在，我每天都盼望着写日记，就像和一个朋友谈心。过去我常常给爸爸、妈妈写信，只有短短的几句，告诉他们我一切都好，还说我爱他们。修女们要读那些信，还说要把信寄走，可是我从来没有收到过回信。也许爸爸、妈妈从来没有收到过那些信。我不知道。不管怎么说，后来我就不再写信了。玛伊也从来没有收到过回信。

2月5日   星期五

每天，小姑娘们上学前，我和玛伊都得给她们梳头。我俩先把她们的头发卷成好看的发卷儿，再把缎带系在头发上。我们一边梳头，一边给她们唱歌。她们虽然没有鞋，可是穿上围裙、梳上发卷儿，也很可爱。

今天，我一边唱歌，一边给小姑娘们梳头的时候，不由得想起妈妈，心里十分难过。我特别想妈妈，不知道她为什么这么久不来看我。我希望她还活着。孩子们也许认为，父母亲不来看望是因为他们不再爱自己的孩子了，可是这怎么可能是真的呢？每一个父母都爱他们的孩子，就像孩子们永远爱他们的爸爸、妈妈一样。我每天都想念妈妈，不管怎样，我将永远爱她。

2月6日   星期六

又是周末了。真好啊！今天我们在收养院附近采花儿。我们采到一些像法兰绒和特洛皮①那样可爱的花。几个修女采到紫红色的蝴蝶花和黄色、粉红色的蜡花②。现在，收养院满眼鲜花，看起来真是色

① 特洛皮：一种澳大利亚落叶灌木。
② 蜡花：即杰拉尔顿腊花，又名风蜡花或淘金彩梅。

彩斑斓。

　　我们还摘了不少番樱桃、黑莓和野樱桃。玛伊和我大吃了一顿，吃得嘴唇整个下午都是紫黑色的。这看起来非常可笑。玛伊说，就当是涂了唇膏吧。等我长大，我要涂上真正的红唇膏，就像在大街上见到的那些太太一样。院长说，只有有身份的太太才能涂上美丽的红唇膏和指甲油。

2月8日　星期一

　　下星期学校要开运动会了。谁都知道我跑得很快。我想参加运动会，可是谁都有合适的运动服，只有我没有。我对院长说，我没有运动服，心里很苦恼。院长说，不要发愁，她会给我做一件运动服。我非常高兴，因为我知道我跑得最快，如果穿上新运动服，看起来一定会更漂亮。

　　晚饭时我尽量少吃面包，少喝肉汤，因为我不想变得太胖。如果胖了，下星期赛跑时就跑不快了。接下来的几天里，我希望喝清汤，至于奶油蛋糕，压根儿就吃不上。

2月9日　星期二

今天小姑娘们上学前，我又给她们梳头，一边梳，一边嘴里瞎哼着歌儿。我还为她们编了一首歌颂院长的歌儿。下午放学以后，她们就给院长唱。我觉得院长非常喜欢这首歌。歌词是这样的：

院长是个好妈妈，
温柔又善良。
院长是个好妈妈，
漂亮又大方。
院长是个好妈妈，
让我们干净又健康。

2月10日　星期三

今天，孩子们整天都在唱那首歌颂院长的歌。院长笑个不停，她说，我是她最喜欢的"咖啡色小公主"，玛伊是她的"巧克力小公主"。我觉得这种叫法挺可笑。想想看，如果玛伊真是巧克力，她就会不停地舔自己的手指了。

2月11日　星期四

我一直骑着修女的自行车去取邮件，顺便从收养院附近的商店里买回一些鸡蛋。我总是去取邮件，因为我是年纪最大的孩子，而且院长相信我不会拿钱买棒棒糖。我取的邮件装在一个上了锁的大皮袋里，上面写着"土著儿童收养院"。为了好玩，我总是骑上自行车兜一会儿风。

商店离收养院的距离和到学校的距离差不多，还路过一个足球场。今天有一群男孩子在足球场踢足球，可是我对那玩意儿不感兴趣。足球场上，尖叫声、欢呼声和哨声响个不停，踢足球的男孩子们浑身都是泥。因为昨天，雨下了整整一夜。

现在，我讨厌脏兮兮的样子。可是小时候在丛林里的时候，就不怕脏，我们经常光着脚玩儿，因为我们根本没有鞋穿。现在长大了，就喜欢干净，而且一举一动要像个体面的姑娘。达斯蒂却喜欢玩儿泥巴。听说足球场上的孩子们玩得浑身是泥以后，他非常羡慕。

2月12日　星期五

今天我非常难过，因为有几个女孩儿离开这儿，去了库塔蒙德拉女童收养院。玛伊也去了。我简直不能相信这是真的。几个从土著保护局来的穿着制服的男人和那个女人来领她们。她们坐上午 7 点的火车去悉尼。六个女孩儿是：贝丽尔、玛伊、艾薇、琼、艾丽丝和乔伊。我们大家都哭了，就像和自己的亲姐妹或者其他亲人道别一样。我真想和她们一起去，因为她们是我的朋友，尤其是玛伊。我们总是在一起玩耍，一起欢笑。可是院长却说我太讨人喜欢，不能走，所以我只得留下来，帮她照料那些小家伙。几天之后又有一些新的孩子要来。我非常难过。玛伊在这个世界上是我最好最好的朋友，甚至比你还好，因为你是个日记本，不是真人。我的鼻子都哭红了。我不停地哭，看起来就像个吹鼓了的红气球。

2月13日　星期六

今天我们在胡斯凯申参加教堂举办的野餐活动。我们游泳、做游戏，活动很多，可是玛伊不在，我的心情就和以前不一样了。我很喜欢参加教堂举办的野餐，总是盼望一年两次的野餐。这时候，孩子们都玩得很开心。大家都喜欢坐着汽车去胡斯凯申。回来的路上，我还得照顾那些婴儿。在胡斯凯申，我整天都想着玛伊。看到河水，就想起她。以前，我们常常假装美人鱼，在水里游来游去。我真想知道，她现在正在干什么。

2月14日　星期日

今天在教堂，我为玛伊和这个星期去了库塔蒙德拉的其他女孩祈祷，祈求上帝保佑她们，祈求上帝早日把她们送回我们这个收养院。我想念她们，尤其是玛伊。

那些女孩子走了之后，尤其是玛伊走了之后，我的心情完全不一样了。因为她是我最要好的朋友。昨天夜里，我是流着眼泪睡着的。我非常难过，凡是我喜欢的人总是从我身边走开，去了什么地方，把我一个人孤零零地留在这里，帮助院长干活儿。真倒霉！我想给玛伊写封信，打听一下她那里的情况。我马上就写，明天求院长把信寄出去。我已经向上帝祈祷，让玛伊赶快收到我的信，赶快给我回信。

2月15日　星期一

今天我给玛伊写信。信是这样写的：

世界上我最好最好的朋友玛伊：

你离开我虽然只有短短几天，但我忍不住要给你写信。我太想你了，想你和我一起玩耍，一起唱歌，还想起许多好玩的事情。别的孩子们也很想念你。和你一起走的那几个小姑娘怎么样？你们都好吗？在库塔蒙德拉的生活好吗？请给我回信，告诉我你那里的情况。那个收养院与博默德里收养院一样吗？你在那儿干什么活儿？院长对大伙儿好吗？哦，昨天我们参加了教堂的野餐。因为你不在，我连假装美人鱼的游戏都没做。

你最好最好的朋友紧紧地拥抱你、吻你。

玛丽·泰伦斯

2月16日　星期二

你可能不相信，但这是真的——收养院的孩子们一直唱着那首歌颂院长的歌。现在，我得为另外那几个修女编首歌了，因为我看出她们好像有点儿嫉妒了。所以我很快就编了这首歌，还教会了孩子们唱。这样一来，那几个修女就不会再嫉妒院长了。歌词是这样的：

修女，修女，

快乐，美丽！

修女，修女，

我们的尿布你来换洗。

修女，修女，

善良，甜蜜！

修女，修女，

我们大家都真诚爱你。

2月17日　星期三

这首歌好像起作用了，修女们脸上又有了笑容。她们又和院长
成了朋友。感谢上帝！她们不应该互相嫉妒，因为嫉妒是一种不良品
行。有一天，一位牧师在教堂里告诉我们，嫉妒是一种罪孽。

我想知道玛伊的情况。

2月18日　星期四

今天开运动会。穿上院长做的短裤时，我发现不大对劲儿。短
裤看起来像裙子。院长说，这是裙裤。我真想哭，因为我不想和别人
不一样。我对院长说，运动会这天，姑娘们都穿运动短裤。她说：
"浸礼会教派的姑娘可不能穿得像个男孩子。"我只好穿着裙裤去学
校。你可能不相信，别的姑娘看见之后，也都想穿裙裤。她们觉得我

穿着像裙子一样的短裤非常漂亮。

　　比赛结束，我得了第二名。不过我对第一第二并不在意，因为我看起来那么漂亮。女孩子们都想跟我说话。我觉得院长非常聪明，她一定预料到会发生什么事情。不光是那条裙裤，她还给我做了一件和裙裤搭配的短上衣，还让我穿上漂亮的鞋和袜子。我相信她真的最喜欢我，别的孩子可没有从她那儿得到这么多东西。

2月19日　星期五

　　我不多写了，今天晚上特别累。院长刚走。临走时说，晚上 8 点熄灯，现在已经 7 点半了。她刚给我们讲完一个《圣经》里的故事。她几乎每天晚上都给我们讲故事。我们都爱听。有一天，院长给我们讲了一个故事，不是《圣经》上的，大伙儿就都不相信那是真的。我们只习惯听《旧约全书》或者别的类似的东西。讲故事还能让小家伙儿们快点儿睡着，真不错。哦，我也打呵欠了。看起来，讲故事也能帮助我进入梦乡。明天再写吧。

2月20日　星期六

今天我们在收养院里玩耍，玩得很开心。有的孩子玩弹子游戏，有的玩接子游戏。年纪大一点的姑娘们跳绳或者荡秋千。我想打威戈罗①——一种女孩子玩的类似板球或者圆场棒球的游戏。因为我喜欢那种大家一起玩的运动。可是院长说，下个星期才能玩。她还把我拉到一边儿，告诉我，这个星期又有一批孩子要送过来，还有一些小婴儿。我们必须为他们做好准备。

还没听到玛伊的消息，但愿她没有交上别的好朋友，把我给忘了。

2月21日　星期日

因为我给孩子们写过两首歌唱院长和修女们的歌，今天他们就让我像教堂合唱队的指挥一样，指挥大伙儿唱歌。我虽然非常紧张，但还是愿意领着大家唱，因为我特别喜欢唱歌。院长说，她在收养院里培养过那么多姑娘，但只有我的嗓子最好。今天我们唱的还是平常

---

① 威戈罗：一种女孩子玩的类似棒球的游戏，1919 年由它的发明者 J. J.·格兰特从英国引入澳大利亚。

唱的那首合唱歌曲："哈利路亚①，他是我的朋友。忧伤明天来了怎么办？哈利路亚，他是我的朋友。"歌词虽然简单，有些小家伙儿还是不明白其中的意思，而且发音不太准确。为了参加下星期日的仪式，这个星期我必须让他们好好练习。

2月22日　星期一

婴儿们今天来到收养院，我挑了一个我最喜欢的孩子照看。这个小东西连名字都没有。罗斯院长说，我可以给他起个名字。我就管他叫小约翰。按照《圣经》故事里的说法，约翰是耶稣的助手。小约翰长大了也可以成为我的助手。他很小，很可爱。他的爸爸、妈妈一定长得很好看。我不知道他们在哪里，也不知道小约翰为什么和我们住在一起。我问院长，她只是说，他连一个亲人也没有了，我们就是他最亲的人。

---

① 　哈利路亚：赞美上帝用语。

2月23日　星期二

为了星期日去教堂做礼拜时，在牧师面前不显得太蠢，今天我让大伙儿练习了几首圣歌。光是为了把《令人惊叹的恩典》练好，我们就用了一个小时。看起来，星期日以前还得让他们练习。这是一件难办的事情，可是还得有人去做。院长嗓子不好，她也很忙。

2月24日　星期三

我要上床睡觉了，刚想说今天过得很愉快，蚊子又飞进来了。刚才我们听了几个吓人的故事。真不知道为什么会讲那样的故事，但我们讲了，然后就咯咯咯地笑着上床睡觉。哎哟！院长又敲墙了，这就是说要熄灯了。一定快8点了，也可能更晚一点，但天还没黑。冬天，晚上7点我们就得上床。那样也好，天气冷，所以，天一黑就想往毯子下面钻。

2月25日　星期四

这个星期我唱了很多歌，让我想起很小很小的时候妈妈唱给我

的歌。她给我唱的这首歌，我一直记着，可是现在怎么也想不起最后
几句歌词了。

美丽的，美丽的褐色眼睛，

美丽的，美丽的褐色眼睛，

美丽的，美丽的褐色眼睛，

我将永不……

哦，我要是能记得这首歌后边的歌词该多好。

2月26日　星期五

今天，我又让孩子们练习唱歌。没有办法让他们一心一意地
唱，他们总想玩耍。把一首圣歌唱了十多遍之后，他们就再也唱不下
去了。只好让他们出去玩。但愿星期日在教堂里他们能唱得好一些。

2月27日　星期六

还是和那些孩子们一起练习唱歌，他们需要多练。

不知道玛伊什么时候才能给我写信。

从别处转来的一个女孩子非常漂亮。她叫凯瑟琳。她的皮肤很白，像个白人女孩。

2月28日　星期日

今天在教堂里，小孩子们唱得好一些了，我们练习了整整一个星期。因为我对几个唱得不够响亮的男孩子发了火，达斯蒂就开始抱怨。他的抱怨让我更生气，因为他是在嘲笑我。我是年纪最大的，他本来应该对我尊重一些。我不是院长，不能对他大喊大叫，也不能说别的什么。

3月1日　星期一

今天我很难过，因为一些孩子去了金切拉的男子收养院。凯瑟琳也被带走了，一个白人家庭要收养她。土著保护局的人带着他们坐上午7点的火车，从博默德里去悉尼的中央车站，然后再从那里去金切拉。这次来领男孩子的几个男人和一个女人就是上次来领女孩子们的那一伙人。虽然还是那伙穿制服的人，但院长或某一位修女也得陪他们一起去悉尼。院长说，金切拉在很远的地方，还说男孩子们去那里学习干手工活儿。我不知道什么是手工活儿，不过我想，他们得擦地板、洗东西。

我听到院长对一位修女说，金切拉收养院那个院长常常喝酒，酒量又很大，所以，男孩子在那里不安全。你知道，酒能醉人，还能让人干出蠢事。浸礼会教友是不喝酒的，也不抽烟。院长说，我们永远都不应该喝酒，因为只有邪恶的人才喝酒。我不明白，既然男孩子们可能不安全，为什么还要把他们送到那儿去呢？院长说，每天放学以后，他们必须在牛奶场或者菜园里干两个小时的活儿。这好像和我差不多。晚上上床睡觉的时候，他们一定很累，是吧？如果我像那些男孩子一样必须那样干活儿的话，晚上也许就不能写日记了。希望有一天我们能再次相见。那倒不错，是吧？可是，我们什么时候才能长大成人再次相见呢？凯瑟琳去白人家是件好事，是吧？

3月2日　星期二

今天，达斯蒂因为顶撞院长惹了麻烦。因为他太想念那些男孩子了。现在，收养院的大哥哥们都走了，他很孤独。不过，他不像女孩子们那样，哭天抹泪，而是像个"男子汉"那样，把悲伤埋在心里。他走到小河那边，先爬上一棵高高的刺桐，然后又爬上一棵垂柳，在树上坐了很久。我想，他一定非常难过，可是我不知道怎么办才能帮助他。

3月3日　星期三

今天达斯蒂有点儿高兴了，因为院长告诉他，他也要去金切拉，到时候他就能见到那些男孩子们了。可是院长没告诉他，那个收养院的院长酗酒，对男孩子很凶，还让他们拼命干活儿。

3月4日　星期四

我不相信这是真的！今天罗斯院长对我说，我要离开博默德里了。我不敢相信这是真的！凯瑟琳和那些男孩子们走了，现在我也要走了，这真是令人伤心的一个星期啊！我真的不想走，可是院长说，悉尼有一个好心的白人家庭想领养一个像我这样的女儿——长到完全懂事了。她告诉我，我在那里将会非常幸福。我再也不能待在博默德里了，因为我的年纪太大了。我的皮肤又没有要去库塔蒙德拉女子收养院的孩子那样黑。只有黑皮肤的孩子们才必须成为家仆。我不知道家仆是什么样的人，也不知道家仆做什么工作，不过听起来不太好。

我觉得家仆好像奴隶一样。院长说，我是去这个家庭当养女，这家人有很多钱，能送我去好学校读书，还能给我许多很漂亮的东西。她说，他们或许还能送给我唱歌时伴奏用的吉他。她知道我非常喜欢唱歌，所以这是一个哄我去的好办法。估计星期日我就要走了。到时候，我会告诉你的。

3月5日　星期五

院长要亲自坐火车送我去悉尼，在中央车站和那家人见面。她说，所有手续都办好了，因为我的肤色接近白人，所以我可以生活在这个家庭里，过上幸福的生活。她送给我一本《圣经》，让我随身带着。这样，在我害怕或者孤独的时候就可以祈祷。我还打算随身带着你，因为除了你，我连一个朋友也没有了。安德鲁大叔送给我几支很漂亮的彩色画笔。如果我在火车上感到厌倦的话，就可以画带彩色的画了。我非常喜欢修女们送给我的那些手帕。手帕上都有花边，非常漂亮。不过，这些手帕不是用来擦鼻涕的。需要擦鼻涕时，我还是要用自己的旧手帕。

哦，亲爱的日记本，在我离开博默德里以后，你就是我唯一的朋友了。不过院长说，我可以经常给她写信，她也会给我写信，把小约翰和其他小孩子的消息，全都告诉我。

艾夫斯街

我们坐了很长时间的火车，经过五个小时才从博默德里到达悉尼中央车站。在那里，我和正在等我的新家人见了面。他们带着我开车离去时，我看见院长哭了。我不明白，既然离开我，她那么伤心，为什么还要让保护局的人把我送走呢？

3月6日　星期六

　　今天我离开博默德里。大家都哭了，孩子们、修女们，还有安德鲁大叔，我哭得最厉害。

　　我们坐了很长时间的火车，经过五个小时才从博默德里到达悉尼中央车站。在那里，我和正在等我的新家人见了面。他们带着我开车离去时，我看见院长哭了。我不明白，既然离开我，她那么伤心，为什么还要让保护局的人把我送走呢？我在汽车里坐着，一直看着车窗外面，和坐在汽车前排座的两个大人一句话也没说。他们是我刚见面的养父和养母。养母身上气味很特别，还涂着口红。对养母的香水味和口红，院长会怎么想呢？我闻着这种气味睡了一小会儿，没有做噩梦。我使劲管住自己，不要哭出来。院长告诉过我不要哭，可是真难啊，就要和这些人在一起生活了，我却根本不认识他们。在悉尼的这个地方，我连一个人都不认识。

　　现在，我来到新家的街道了。这条街叫艾夫斯街。我要住在这里，和我的养父母伯克夫妇还有他们的孩子萨姆、索菲一起生活了。伯克夫妇说，我可以叫他们爸爸、妈妈，这让我很别扭。我有爸爸、妈妈，虽然我不能对任何人说起他们，但也不会忘记他们、不爱他们。还有罗斯院长，五年多来她一直让我叫她妈妈。我想，如果伯克夫妇不反对的话，我最好叫他们干爸、干妈。

我是坐在马桶上写下这篇日记的。我不想在卧室里写，因为那个房间不是我的。那是我的新妹妹索菲的房间，我知道她不喜欢我。她对我说过，她不想有个姐姐，更不想有一个不是白人的姐姐。她说我的皮肤是褐色的，她的皮肤是白色的。可是，其实她的皮肤并不是白色的，有点儿像粉红色，脸上还有许多雀斑。金黄色的头发是直的，用缎带松松地扎成两条辫子。

3月7日   星期日

今天早晨一醒来，我就忍不住哭了起来。因为这地方不是我的家，虽然大伙儿都说它是。我想念罗斯院长和收养院所有的孩子们，更想念我的亲妈妈。小时候，只要我一哭，妈妈就会抱住我，对我说，一切都会好起来。可是在这里，谁会拥抱我呢？索菲不会，她恨我。整个晚上，她不停地怒骂，因为我住进了她的房间。她还一再告诉我，不要动她的东西。我根本就不想动她的东西。我有自己的东西，不过她的东西比我多多了。她有许多漂亮衣服。我从来没见过那么多衣服。她还有很多玩具。她被宠坏了。养母说，她打算这个星期领我去商店，给我买几件上学穿的新衣服，最好是星期日去。

哦，伯克家一定是虔诚的基督教徒。今天上午去教堂的时候，我发现教堂里只有我不是白人。这可真怪。我觉得人们都在盯着我看。养母拉着我的手，把我介绍给每一个人。他们都说，养母能把一个黑孩子带进教堂，真是好心人！以前我还没听过有人说我是黑孩子。这可能是对土著孩子的另外一种称呼吧。

3月8日　星期一

今天是我上学的第一天，也是我最不愉快的一天。学校离我们住的地方不远，可以步行去上学。养父把汽车开到一个地铁站，然后乘地铁进城。他是城里一家信托会计事务所的会计师。他的身上也像养母一样散发出好闻的香水味。他戴着一副镜片厚厚的墨镜，隔着镜片看，眼睛大得怕人。养母带着我和索菲一起步行去学校。学校是艾夫斯街公立小学，校长史密斯先生就住在学校隔壁。养母说，本来想让我们上天主教学校，可是艾夫斯街上没有这种学校。林菲尔德大街和皮姆大街倒是有，只可惜离家太远，我们自己去不了。她说，上中学的时候也许我们可以坐公共汽车去那儿上学了。

养母领着我去见史密斯先生和我的老师福斯特小姐。他们看起来好像很和气。可是中午在操场上，孩子们对我非常刻薄，用各种脏话辱骂我。就像昨天教堂里的太太们一样，他们说我是黑人。我说："不，我不是！"他们就嘲笑我，说我是"土著人"，是坏人。最坏的孩子是个胖乎乎的男孩，名叫约翰尼·琼斯。他向我吐痰，还叫我"土著佬"。我说我不是"土著佬"，你才是"土著佬"呢！其实，我连"土著佬"是什么意思都不知道。他一定是个很坏的孩子。可是他有许多朋友不离左右，都跟着他嘲笑我，骂我。学校里没有别的孩子皮肤是褐色的，所以我连一个可以诉说心里痛苦的人都没有，只能躲在厕所里哭，一直哭到回班里上课的时候。明天我不想再去了。我恨学校和约翰尼·琼斯，我也恨罗斯院长，因为她让那些人把我送到这里。我不知道凯瑟琳去的那个家是不是好一点，希望她能过得比我好。

3月9日　星期二

我来这里已经好几天了。我不想再待下去了，想回到罗斯院长身边。可是，如果她不让我回去怎么办？她肯定不想让我回去。如果不是她把我交给伯克夫妇，我根本就不会来到海芙斯（我故意把艾夫斯叫成海芙斯）。我离开收养院的时候，院长哭了，这是不是说明，她也会想念我呢？如果我回到她身边，她也许会高兴。哎呀，不好了！养母在喊我。我得擦干眼泪。我知道，他们不喜欢爱掉眼泪的女孩子。他们以为我长大懂事了。那是他们收养我的原因。院长也说过，不要给他们惹麻烦，不要表现得像个小娃娃，不要像个小娃娃的样子。

3月10日　星期三

学校还是那样。没有一个人和我说话，就连索菲也不理我。她比我小，只有九岁。中午，她和朋友们玩玩具，在操场上跳绳。萨姆十二岁，六年级。他周围有一帮朋友，都是专门欺负小同学的那种学生。我有点儿怕他。自从我来这儿，他还没跟我说过话。我只能自己坐在操场上。我想哭，可是又不能哭。我不想让人说我是个爱哭的小娃娃。我也没看见别的皮肤是褐色的孩子。不知道他们都在哪里。也许他们都放假了，或者干别的什么事情去了。也许他们都在海芙斯的其他学校念书。

回到家里之后，我问养父和养母，学校里的孩子为什么皮肤都那么白呢？他们说："因为他们是白人。"他们又说，如果不是白人出钱交学费，黑人孩子是不能上这样的学校的。他们说我非常幸运。听到这儿，我就问他们，如果学校里有人往我身上吐痰，还用恶毒的话骂我，我也要感到幸运吗？他们说我太不懂事儿了，还说，我应该为有好房子住、有好东西吃，还有父母双亲爱我而感恩。我说，我的亲生父母也爱我，然后就跑进我住的房间哭了起来。我现在把这一切写给你的原因是，我再也没有一个可以说话的朋友了。如果伯克夫妇真的爱我，明天他们就不应该让我再去学校。

3月11日　星期四

　　我恨这个地方，我没有办法，不知道该怎么办。伯克夫妇说他们是我的亲人，可是他们却把我送到学校，让我天天受别的孩子欺负。我的亲生父母不会这样做的。他们会保护我不受任何人欺负。

　　我有过两个家，我出生的家和土著儿童收养院。现在我失去了那两个家。我不得不把伯克家当做我的新家。我不知道是不是每一个人都有几个家，但是我想，这个学校的孩子们可能只有我自己是有三个家庭的人。我有三个家庭，也许是幸运的，可能有更多的人爱我。但我并没有觉得有谁爱我。我很久很久没有被人拥抱过了。我真希望能够回到罗斯院长或者妈妈身边，回到我真正的家！

3月12日　星期五

一星期的课终于结束了，我打心眼儿里高兴。不用再看那些非常令人讨厌的孩子们了。他们只有在骂我的时候才跟我说话。他们非常坏。我把这些事情告诉养父、养母，可是他们却说，我必须学会忍耐，因为我和别人有点儿不一样。我必须习惯那里的一切。我不懂他们的话。你怎么能习惯别人天天骂你呢？

3月13日　星期六

星期六早晨。我受不了索菲很响的鼾声，很早就被她吵醒，再也睡不着了。我真希望她能听到自己的鼾声。我坐在窗台旁边，看外面的菜园子。天哪，它比我想象的还大，就像个小农场。

伯克夫妇自己种水果和蔬菜，还养了几只母鸡。养母说，他们得有这些东西，因为从艾夫斯街到城里没有火车。约翰逊先生的商店里也没有她需要的东西。她在皮特大街一年一次的安东尼·霍尔登集市上购买床单等"大件儿"生活用品。有时候还从一本叫《目录》的杂志上订购东西。订好之后，他们就会把货物给你寄来。我喜欢喂鸡，也喜欢捡鸡蛋。

3月14日　星期日

你不会相信今天我在教堂里看到的事情。原来，天主教教徒和浸礼会教徒不一样。你瞧，今天有一个小婴儿在教堂里施洗礼，可是在博默德里的浸礼会教堂从来没有发生过这样的事情。因为浸礼会教徒只有长大成人之后，才会到浸礼会教堂施洗礼。

我把我还没有施洗礼的事告诉了索菲。她就把这事原原本本告诉了养父、养母。养父气得好像得了心脏病。他说："没错儿，这些该死的新教徒，就是这样。他们连如何按教规培养孩子也不懂。我们很快就给她施洗礼。下星期我就去和弗兰克神父谈谈这件事。"养父压根儿就没有问过我是不是愿意受洗。我自己对什么叫洗礼其实也似懂非懂。现在，我到底要成为一个天主教教徒还是浸礼会教徒，或者别的什么教徒呢？我不敢问，因为养父真的非常生气。他的眼镜上蒙着一层水汽。他和养母说起别的话题，说美国黑人都成了浸礼会教徒，浸礼会一定变成一个有色人种的教会了。我又听见"有色人种"这个词了。他们这样说到底是什么意思呢？谁都有颜色，难道不是吗？比如，索菲有点粉红色，我有点儿褐色，养父呢，说这事的时候，气得满脸通红。是啊，谁能没有颜色呢？

3月17日　星期三

今天发生了一件奇怪的事，让我很不开心。回家的路上，索菲
突然抓住我的手说，快过马路。她拉着我飞快地穿过马路。我不知道
发生了什么事情。后来她说，大人不许我们接近"那种人"。她指的
是一位正从对面向我们走来的黑女人。就这样，我们穿过马路，没有
走近那个女子。那个女人穿着很漂亮的花衣服，一点儿也不讨厌。她
那可爱的脸上带着微笑，就像我妈妈那样。她真的让我想起了妈妈。
可是我没能清楚地记住她的面容，只记得她那两条粗壮的胳膊和让人
觉得温暖的微笑。我不知道她住在哪里，也不知道她来海芙斯干什
么。她是我在这一带碰到的唯一一个黑女人。

哦，今天是圣帕特里克节①，是爱尔兰人的一个非常重要的节
日。晚上我们吃了一顿很特别的晚餐，可惜养母做的土豆泥不太熟。

3月18日　星期四

今天学校还不错，我觉得可能要交上一个新朋友了。她叫安冬
妮娅，是个意大利人。也没有人和她说话，因为她是个"外国佬"。

---

① 圣帕特里克节：每年的3月17日，为纪念爱尔兰守护神圣帕特里克而设。

"外国佬"指不是澳大利亚人的人，但安冬妮娅不这样说。她说他们
是移民。有一次，约翰尼·琼斯还叫她"意大利佬"。今天她像我一
样，一个人坐着，我就和她坐在了一起，但是没有说话。真想明天她
还坐在我身旁。

3月19日　星期五

　　今天在操场上，安冬妮娅和我说话了。她说我可以叫她的昵称
冬妮娅。她也住在北岸。人们把海湾大桥这一边所有的郊区城镇都叫
做北岸。每天，她的父母亲开着汽车送她来上学。我想，他们一定很
有钱，因为那辆汽车看起来很贵，而且是崭新的。像这个地方的别的
意大利人一样，冬妮娅的父亲也有一个果园。他们种了很多果树，把
水果卖给食品店，让人们购买。她把她的橙子给了我一个，非常好
吃。她说，她想成为我的朋友，于是整个中午和下午在班里的时候，
我们都坐在一起。她说我是她见过的第一个土著人。我感到羞耻，就
说自己不是土著人。她说我一定有一部分土著血统，因为我看起来的
确像个土著人。这话让我心里舒服了一点。因为她说，是土著人也没
什么关系。尽管这样，我还是不想说"我有一部分土著人血统"。因
为在海芙斯这个地方，大多数人都认为这是一件坏事。

3月20日　星期六

现在我正坐在屋后草坪上写日记，因为养母说，只要我和索菲把我们自己住的房间打扫干净就没什么事了。我们擦掉窗台和家具上的尘土，然后把床单取下来，等养母去洗。这让我想起我住在收养院时的情景，还想起我们在乡村的那个家。我记得，我们住在一幢简陋的红房子里，里面有两个房间。没有伯克家那样的烟囱，也没有浴室。我们只有一个大木盆，在里面洗澡、洗碗，洗别的东西。我们也没有现成的热水，只能在炉火上把水加热，然后把热水倒在那个木盆里。别的乡亲也和我们一样过着这样的日子。我们住的那个地方大约有一百多人。房子四周围着栅栏。还有好多人住在栅栏外面。管理人员不准他们到栅栏里面，我觉得很奇怪。爸爸、妈妈也不让我们离开住地。他们说，必须得到管理人员的批准才能离开。我不知道为什么，因为我还是孩子。

3月21日　星期日

今天是棕榈星期日①。教堂给我们分发了棕榈树枝，大概是想让

---

① 棕榈星期日：复活节前的星期日，纪念耶稣胜利进入耶路撒冷，那天人们在他前面撒满了棕榈枝。

我们想起，耶稣骑着毛驴进入耶路撒冷时，路旁激动万分的人们从棕榈树上折下树枝欢迎他的情景。牧师已经为棕榈枝祝福。我把我那枝像宝贝一样挂在床头，让它保佑我。萨姆却用他那枝当蝇拍使，还用它抽打我和索菲。养母去揪他的耳朵，他拔腿就跑。他肯定进不了天堂了。我非常高兴，因为我不想和他一起生活在地上，也不想和他一起进天堂。

在教堂里我遇见了冬妮娅，我们说了几句话。有个朋友真好啊。

3月22日   星期一

今天在学校我们上了一节历史课，福斯特小姐讲到第一个白人来到澳大利亚的时间。她说，库克船长是1770年发现澳大利亚的。那时候，在新南威尔士生活着大约五万多名土著人。她估计现在只有一万多土著人了，因为土著民族是一个垂死的民族。我不知道她的意思是不是说土著民族只有死路一条，或者正在很快地灭亡。是不是说，我也要死了？因为，不管别人怎么看我，我就是个土著人呀。

我不想问福斯特小姐"垂死的民族"是什么意思，但我问她，你怎么能发现一个已经有人居住的国家呢？如果库克船长到澳大利亚的时候，已经有人居住在这片土地上，那么，先发现这个国家的应该是那些已经居住在那儿的人，库克船长只是一个来访的客人。可是福斯特小姐硬说是库克船长发现了澳大利亚，所有的书上都是这么写的！我只能是老老实实听着，别这样胡搅蛮缠。

3月23日　星期二

今天在操场上，约翰尼·琼斯追赶我。我累得停下来的时候，他说，在课堂上我应该把嘴闭上。他还说，我应该为库克船长发现澳大利亚而高兴，因为他给土著人带来了他们所需要的食物、衣服和房屋。他说，如果库克船长没来这儿，我们可能连学校都没有。我说，我讨厌学校，更讨厌库克船长，因为是他带来了这样的学校。

3月24日　星期三

今天，我躲过了约翰尼·琼斯，回到家里的时候，索菲让我逗她的猫玩，她的猫叫特里克茜·贝尔。我认为这个名字起得很蠢，可是只得那么叫。如果我有一只猫，我会给自己的猫起一个厉害的名字，比如老虎。

3月25日　星期四

今天我在学校旁边的商店里碰到养母。商店里什么都有，有一个可以寄信的小邮局，有一个卖报的小报摊，还有糖果、茶叶、面粉、食品和别的杂货。养母正在买过复活节用的面粉。她把我介绍给商店老板约翰逊先生，说："玛丽是我的女儿。"约翰逊先生听了之后，直盯盯地看着我，样子很古怪。我猜想，他一定觉得很奇怪。这是怎么回事儿呀？这个小姑娘的皮肤是褐色的呀！他给了我一块糖，很好吃。

3月26日　星期五　受难节①

没有上学，因为今天是受难节。就是这一天，耶稣被钉死在十字架上。想起这事儿，我心里很难过。谁能干出这种事情呢？今天我们不能吃肉，只得吃鱼。

---

① 受难节：复活节前的星期五，被基督教徒作为耶稣受难节予以纪念。

3月27日　星期六　复活节星期六

　　要过复活节了，索菲非常高兴。她帮助养母画彩蛋。我坐在旁边，思念着博默德里收养院的孩子们。我想知道他们在干什么，也想知道玛伊在库塔蒙德拉干什么。我想知道，她是不是和我一样，经常去教堂。我不知道她收没收到我的信。

3月28日　星期日　复活节星期日

　　今天是复活节星期日，教堂里摆满了白色的百合花、白色的水仙花和四季常青的紫杉。弗兰克神父说，今天是值得庆贺的一天，因为耶稣复活了。我和索菲却认为，今天值得庆祝是因为我们得到了复活节彩蛋。索菲现在对我很好。她还说我歌唱得非常棒。冬妮娅和她的家人也来到了教堂，他们都穿着非常高级的服装。我想，意大利人一定是虔诚的天主教徒，也很有钱。

3月29日　星期一　复活节星期一

　　这里和博默德里很不一样。我一直注意它们的不同。比如今天，我就不必喝稀粥了，因为养母说，如果我想尝一尝别的东西，那也可以。于是，我就吃了被叫做玉米片羹的东西。索菲最喜欢玉米片羹。它是一种把牛奶、糖和玉米片泡在一起的食品，与稀粥完全不一样。养母说，如果我喜欢，下一次还可以吃别的东西。唉，在博默德里，我们是从来不能选择食物的。

3月30日　星期二

我痛恨这所学校，痛恨约翰尼·琼斯。今天他又骂我。他说我脏，还说所有土著人都脏。冬妮娅叫他闭嘴，可是他说冬妮娅是"肮脏的外国佬"。回家后，我花了好长时间洗澡，想洗掉身上的褐色，我不想让别人说我脏。结果，擦伤了皮肤，现在有几处变成了红色。我皮肤的颜色为什么和他们不一样呢？他们为什么要嘲笑我呢？我恨约翰尼·琼斯和他那帮朋友。真希望魔鬼把他抓走。希望最好有人把他钉在什么东西上。

3月31日　星期三

今天早晨醒来，看自己的皮肤，依然是褐色的。而且，昨天擦红的地方又恢复了原来的颜色。我要告诉约翰尼·琼斯，我并不脏。可是皮肤依然是褐色的，我该怎么解释呢？

4月1日　星期四　愚人节

约翰尼·琼斯跟福斯特小姐开了个很可笑的玩笑，捉弄她。福斯特小姐说，他才是傻瓜呢！结果哄堂大笑，比他捉弄福斯特小姐时笑得更欢。我笑得非常、非常解恨，冬妮娅也一样。

4月2日　星期五

今天，约翰尼·琼斯和他那帮朋友又一次找岔子骂我。我不知道为什么。我招惹他们了吗？他说我是孤儿，我的父母亲不想要我了。我觉得这话也可能是对的。我想给妈妈写信问问她，可是不知道该把信寄到什么地方。如果我把信写给罗斯院长，她也许能帮我打听到妈妈在什么地方，然后把信转给她。

4月3日　星期六

今天我给妈妈写了一封信，也给院长也写了一封。我打算把两封信一起寄走。下面就是写给妈妈的信。但愿妈妈能收到。我已经好几年没给她写信了，有很多消息想对她说。

亲爱的妈妈：

您好吗？爸爸和别的孩子们也都好吗？巴斯塔、麦克斯、布卢伊、贝蒂、詹姆斯、珍妮和玛格丽特在哪儿呢？请代我向他们每一个人问好。

我已经不在博默德里了，现在住在悉尼的一户人家里。那家人住在艾夫斯街，我把它叫做海芙斯街。海芙斯有蜂窝的意思，因为我在附近看见过一些蜜蜂。养父和养母伯克夫妇照管我，可是我不叫他们爸爸、妈妈，因为你才是我的妈妈呢，对吗？

我在罗斯戴尔路上的艾夫斯公立小学上学。学校离伯克家不远。我在学校很不愉快。不过不要担心，我会像成年人那样做好每一件事情。罗斯院长教会我做一个正派的女孩子。这真是一件天大的好事。您能写信告诉我家里的情况吗？我非常想念您和家里的每一个人。

妈妈，您能告诉我一些别的消息吗？您还爱我吗？

深深地爱您、紧紧拥抱和吻您的玛丽

还有，我不知道他们为什么把我的名字改成了玛丽·泰伦斯，因此，您给我写信时在信封上必须写玛丽·泰伦斯。不过，您在信里可以叫我艾米，因为您知道，那才是我的真名，不是吗？我的地址是： 澳大利亚悉尼普特里区艾夫斯街5号。

4月4日　星期日

今天去教堂的路上，养父好像有点儿生气，一路上都和养母叨叨这一带应该有个天主教堂。瞧瞧，有卫理公会教堂，有英国圣公会教堂，可是偏偏没有天主教教堂。这就是每个星期日我们不得不开车去林菲尔德天主教教堂的原因。这个教堂被叫做"拿撒勒的圣人之家"，可以容纳三百多人。这是一个不小的数字，比我们学校的人还多。

这是一个附设学校的教堂，很不错，是用砖盖起来的。教堂的前面有一个像舞台似的平台，弗兰克神父就在那儿做弥撒，可是它看起来不像我在别的教堂里见过的圣坛。可能学校也用它搞演出或者什么别的活动吧。教堂后面有一尊圣母玛利亚的雕像，另外还有一组圣母玛利亚、圣约翰和耶稣的雕像。我想，这真是一个温暖的小家庭，但不像人间的家庭，是吧？更像伯克家。教堂后面有三个窗户，都很小。房子两边的墙壁上也都有窗户，因此阳光很充足。我喜欢充足的阳光。教堂里面很亮。屋顶上有许多横梁。可能有了这些横梁，屋顶才不会塌下来。横梁大约有十根或者十二根。

养父一直叨叨教堂离家太远，不得不开车来做礼拜。养母却挺乐观，她说，全当户外活动好了。我们学校的许多孩子也在那儿。音乐老师伊丽奥特小姐还在教堂的唱诗班唱歌。她人不错，还说我唱歌唱得很好。

4月5日　星期一

过去我身边总有许多孩子，现在我也试着把索菲当成自己的姐妹，可是今天她却拿打扫卫生的事嘲笑我。在收养院，打扫卫生是我们经常做的事。我还记得，小时候在家里，妈妈就不停地打扫卫生。因为管理员的妻子经常来我们家检查卫生，所以一定要保证哪儿哪儿都一尘不染，更不能随便乱扔衣服和食物。妈妈还把屋子外面也打扫得干干净净。来这儿之后，我不仅经常打扫房间，还帮助养母干家务活儿。我已经养成干活儿的习惯了。就因为这个，索菲就把我当成给她干活的奴仆了。我很生气，对她说，我只帮助养母干活，她那些乱七八糟的东西应该自己收拾。她说，光靠打扫卫生不可能赢得养母的爱。她才是养母的亲女儿，而我不是。这话倒是真的。不过，养母对我非常好。

4月8日　星期四

我一直忙着做作业、做家务，好几天没写日记。对不起，我现在就写。

今天，看到养母没怎么费力就洗完衣服，我很惊奇。索菲就拿这事儿嘲笑我。我就对她说，小时候，我们家都是男人把要洗的衣服拿到河边，然后点火烧水，再洗衣服。她说，我们家的人一定非常"原始"。福斯特小姐在课堂上说土著人很笨，连家务也做不了。那时，她用的就是这个词儿。我顶了她一句，说土著人很聪明，没有火柴也能把火点着。她说，那也得花很长时间。有时候我觉得，福斯特小姐作为老师，一点儿也不聪明。不过，我没在班里说这话，那会给我惹来很大的麻烦，是吧？

4月10日　星期六

今天，养母教我和索菲做澳新军团①饼干。她说，过去在澳大利亚，亲人们常常把这种饼干送给去打仗的士兵，因为饼干中没有一点儿牛奶和鸡蛋，所以可以保存很长时间。我把饼干的制作方法记在这

---

① 　澳新军团：指第一次世界大战中的澳大利亚和新西兰兵团。

里，留着以后使用，或者可以把它寄给罗斯院长，让她为收养院的孩子们做这种饼干。需要的原材料是：

四大汤匙黄油，一小匙小苏打，两大汤匙金黄色的玉米糖浆，一碗面粉，一碗燕麦片，两大汤匙白糖。

把面粉、燕麦片和白糖放在一个大盆里混合在一起，然后把黄油放在一个深平底锅里在炉子上融化，再把玉米糖浆和小苏打搅拌到黄油里，之后加入面粉、燕麦片、白糖不断搅拌。搅拌好之后，舀几汤匙和好的面放在烤盘里，放入烤箱烤十到十五分钟。我不知道烤箱的温度应该是多少度。不过，烤出非常好吃的饼干时，你就知道了。和养母一起做饼干的时候，我想起小时候吃的烤玉米饼。烤玉米饼是用玉米面、水和盐做的，用烤肉滴下的油或猪油在锅里烙，烙成金黄色，然后涂上一层糖蜜。有时候我们也把生面团直接放在木炭上烤。真好吃！

现在，我不得不给玉米饼改名了，因为在英语里，约翰尼和玉米饼是同一个字，所以约翰尼·琼斯把玉米饼的名声也给败坏了，是吧？

4月11日　星期日

今天在教堂里，弗兰克神父给我们讲了耶稣被钉死在十字架上的事。我实在听不明白。他们总说土著人是坏人，白人是好人。可是，耶稣是被白人钉在十字架上的。那么，白人也应该是坏人呀。现在，我弄不清谁是好人，谁是坏人了。我想，把钉子钉进别人身体的人应该是坏人，对吧？我只得祈祷，我不想成为一个罪人或者一个邪恶的人，也不想让什么人把我钉在什么东西上，因为那会非常疼。有一次我踩在一根钉子上，整整哭了一天，后来伤口还有点儿感染。

今天在教堂里，冬妮娅又坐在我旁边。在教堂我还看见约翰尼·琼斯，我想，他可能祈祷上帝给他换个脑袋吧。做完弥撒，他走到我身边，说我不应该向白人上帝祈祷，因为我不是白人。我说，我也是白人，再说，既然谁也没见过上帝，你怎么知道上帝就是白人呢？后来养母走过来拉住我的手，因为我们得回家了。

4月12日　星期一

我在伯克家已经一个月了，可我的心情还是不太好。虽然我在这栋漂亮的大房子里和索菲合用一个房间，但我一直感到孤独。萨姆依然不接受我，从来不跟我说话。在学校，除了冬妮娅以外，别的孩子也不和我说话。冬妮娅在学校里有亲戚，有时候那些亲戚会和她一起玩。养父和养母只是说，习惯需要花费时间。可是，这将花费多少时间呢？我很伤心，常常觉得被冷落了。

4月13日　星期二

今天在学校里我独自一人坐着的时候，决定给妈妈写一首歌，不光是为了消磨时间，而是因为在学校里我看见几位母亲，她们让我想起妈妈。我还在写：

妈妈，长着一双大眼睛的妈妈，

妈妈，眼睛里泪光闪闪的妈妈，

妈妈，妈妈，拥抱我、亲吻我吧，

妈妈，妈妈，我是您思念的孩子。

我爱妈妈，也爱爸爸，

我怀念妈妈做的热腾腾的炖牛肉，

我爱妈妈，妈妈也爱我，

我想念妈妈，难道你们不知道吗？

4月14日　星期三

今天在学校里我很伤心。有个叫朱丽安娜的孩子把她们家的合影带到学校。不久前，她姐姐结婚了，婚礼上她们全家人拍了一张照片。她家人很多，个个看起来都喜气洋洋。但愿我也有一张全家人的照片。不知道我的姐姐们结婚了没有。我怎么才能知道她们的婚礼在什么时候举办？我又怎么才能赶到那儿？我希望我没有错过。从朱丽安娜的照片上看，婚礼是件喜事，每个人都打扮得漂漂亮亮。不知道伯克家有没有照相机。我想，只有有钱人才有吧。在博默德里，我们没有照相机。有时候，穿制服的人会给我们全体孩子照张相。

4月17日　星期六

养父喜欢体育，经常谈论各种运动。养母只是微笑着听，她是一位真正的家庭主妇。她的主要任务就是做饭、洗衣、看孩子。养父正在说着一个名叫哈罗德·诺西特尔的人和他的两个儿子，他们是第一批驾驶着没有发动机，也没有船桨的帆船游遍世界的澳大利亚人。他们昨天结束了航行，回到悉尼。他们是在 1935 年 7 月 14 日离开澳大利亚的。这真是一次漫长的航行，不是吗？养父喝着啤酒，可是没有人与他干杯。我想，他是在祝贺那个人和他的儿子们。

4月18日　星期日

今天我们去了教堂，然后又去了悉尼港大桥。这座桥是一个名叫约翰·布雷德菲尔的人设计的，建成才有五年的时间。我对养母说，它一定是世界上最大的桥。养母说没错儿。这座桥大约长一千五百英尺，是世界上最宽、最重的桥。养母还说，建造这座大桥的过程中，死了十六个人，还有一个人掉进水里，后来又活了。他们是从最高处掉下去的，离水面大约四百二十六英尺。

养父说，大桥建成以前，港湾两边的汽车都靠驳船来来回回运送。他估计，为了建设这座大桥，大约拆毁了几百栋房子。

我们步行通过大桥，然后再返回来，在大桥下面的米尔森海岬坐下，一边吃午餐，一边观看港湾的美景。养父给我们讲解关于大桥的一切，还有大桥在什么时候开通。我想，让这样一座大桥悬在空中，真是太了不起了！我大声说出这种想法时，萨姆说，我像所有"土著佬"一样，太愚蠢了。养父给了他一记耳光，警告他，不准再说那样的话。索菲和我互相看了一眼，然后会意地笑了。萨姆经常对我们俩讲一些可恶的话，而我们又不能打他，因为他会还手，而且揍起我们来比我们打他狠得多。

4月19日　星期一

今天我终于写完了给罗斯院长的信，把我在艾夫斯的新生活告诉了她。我把那封信抄了一份，万一她收不到，可以再抄一遍寄给她。

亲爱的罗斯院长：

现在我在艾夫斯街。这条街过去叫罗斯德尔，可是我认为他们把街名改了，因为这条街看起来像英格兰康沃尔郡名叫艾夫斯的那个地方。我的新老师福斯特小姐就是那么说的。可是我的养母（这是我对这里的新妈妈的称呼）认为，这条街名是根据一个人的名字起的。这个人叫艾夫斯，是位国会议员，大约在1885年，在他的帮助下，这里建立了第一个邮局。谁知道呢？谁又在乎呢？

我在这儿的情况还可以。不过，我不怎么喜欢这儿。我一直想念您和那里的孩子们。小约翰好吗？他想念我吗？您想念我吗？您为什么让保护局的人把我送到这儿呢？现在我要问您，我早先在收养院里表现得怎么样？我真不知道为什么要把我送走。

在这里，我有了一个哥哥、一个妹妹，可是他们都不喜欢我。萨姆和谁都合不来。索菲被宠坏了。她不像我那样习惯和别人分享所有的东西。不过，她有时候还不错。

养父、养母看起来对我很好，不过他们一直要求我忘掉我的生身父母，还要我感谢他们收养了我。他们说，我生活在他们家会更好一些。可是我不知道好在哪里？我又要改名了。这一次是改成玛丽·伯克，但我还是想叫玛丽·泰伦斯。因为那才代表我是谁呢，不是吗？我不喜欢把名字改来改去。如果改得次数太多，连我也不知道自己是谁了！他们还想给我施洗礼。我不懂那种仪式。您是怎么想的呢？

哦，我马上得走了，因为我经常帮助养母准备晚餐。索菲不但不帮她，还不愿意我帮忙。因为养母喜欢我帮她干活儿，如果我总干，她不干，她就没有面子了。我已经习惯帮助养母做晚餐、洗盘子了。请尽快给我回信。我的地址是：悉尼普特里区艾夫斯街5号。

> 爱您并拥抱您的玛丽·泰伦斯

还有，我还给妈妈写了一封信。您能帮我把信寄给她吗？

4月20日　星期二

今天，我得写一篇作文，题目是《我是谁？》。福斯特小姐说，这是一种叫做自传的文章，写一个人的亲身经历，而且要绝对真实，不像索菲读的《神秘的布丁》和《小胖壶和小面饼》那样的故事。那些书都是儿童读物。

老师让我们写一篇只有一页长的文章，内容是"我是谁"，然后在课堂上朗读，这样一来，同学们相互之间就更了解了。必须写自己是从哪儿来的、喜欢什么等等。要写出我们哪些地方不同，哪些地方相同。

　　这让我害怕，因为我和班上的任何一个同学都不一样。我一直在想，虽然我住在伯克家，可我到底是谁呢？在这栋大房子里，我和这家人是什么关系呢？在这一带，我看起来和谁也不一样，更不像索菲。她的脸是粉红色的，还有雀斑，一头金黄色的直发。我不知道妈妈在什么地方，也不知道她为什么要把我送到收养院。我一直过着一种不正常的生活，我不得不把伯克夫妇当做亲人，但实际上他们不是。他们是索菲和萨姆的亲人。我觉得自己一直在流浪。福斯特小姐说，我们必须在星期五以前写完作文，然后在课堂上朗读。

4月21日　星期三

　　今天，我继续写那篇题目叫《我是谁》的作文。文章开头非常难写。我就像写日记那样，从名字开始写起。作文必须写够整整一页，除了名字，自然要写更多的事情。现在我要好好想一想，看看还得增加些什么内容。明天再写日记吧。

4月22日　星期四

我写完了那篇关于我自己的文章了。下面就是这篇作文。我想，看过这些文字，你对我就会更了解了。

我是谁？

玛丽·泰伦斯

我叫玛丽·泰伦斯，十岁零三个月。我从前叫艾米·查尔斯，自从住进博默德里收养院，他们就把我的名字改了。我有三个家：我出生的家、收养院与罗斯院长在一起的家和我的新家——伯克家。我的新哥哥萨姆和新妹妹索菲和我在同一所学校上学。我长着深褐色的头发，和肩膀一边齐，头发有点卷曲，一双褐色的眼睛。我长得不太高，胳膊、腿和脚踝都很瘦，像妈妈和收养院里所有的孩子们一样。我喜欢蓝色，虽然蓝色是男孩子们喜欢的颜色。我更喜欢浅蓝色，比如，夏天天空的颜色。我有三条蓝缎带，颜色的深浅不一样。我喜欢收集缎带。我非常喜欢唱歌，还自己编写歌曲，弹吉他。我希望长大以后能成为一个著名的歌星。我喜欢去教堂，因为在那里我能和大家一起大声唱歌。我还喜欢写日记，把我每天做的事情都记在日记本上。我喜欢坐在伯克家附近的那个大公园里，看小鸟飞翔、看孩子们开心地玩耍。我不喜欢吃抱子甘蓝和胡萝卜。我喜欢硬糖果和养母做的巧克力饼干再加上一杯冰凉的牛奶。我现在有一个叫冬妮娅的朋友。我原先最好的朋友玛伊在库塔蒙德拉的女子收养院。

4月23日　星期五

因为我和别人都不一样，所以不敢朗读自己的作文，生怕被人讥笑。我坐在座位上，心里祈祷，福斯特小姐千万别第一个叫我。感谢上帝，她没有叫我第一个朗读。她叫起苏珊娜。我原来一点儿也不了解她，读完作文以后，才知道她和她亲人的故事，还知道她父亲是位著名的音乐家，走遍了全世界。她讲了许多关于音乐和其他国家的事。

接着，福斯特小姐叫约翰尼·琼斯站起来读他的作文。他写得非常无聊。他说，他爱把石头扔在别人家的屋顶上，还经常打他妹妹，用弹弓打鸟。我没有认真听他念作文，只顾忙着写我多么恨他。

我非常喜欢冬妮娅的作文。她写的全是她家令人高兴的事情。她说，她喜欢所有的节日，比如圣诞节、复活节。她最喜欢圣瓦伦廷节①，以前我从来没听说过这个节日。在博默德里，或者在我出生的家里，我们都不过这个节。冬妮娅说，这个节日是从罗马传过来的。那

---

① 圣瓦伦廷节：即 2 月 14 日情人节。

个城市在意大利，她家就是从那儿迁居过来的。她说，这是一个向你所爱的人表达你爱他们的特别的日子。这个节日在 2 月 14 日。冬妮娅说，这也是向朱诺①表达敬意的日子。朱诺是位女神，是古罗马天神的皇后。她说，这一天人们互相赠送鲜花和巧克力，非常浪漫。这一天，你可以对父母亲说你爱他们。冬妮娅还说，在意大利，圣瓦伦廷节是一个非常重要的节日，可是在澳大利亚却不是。这倒让我感到高兴。因为我不知道我的生身父母在什么地方，我没有办法对他们说我爱他们。如果过圣瓦伦廷节的话，我反倒会非常伤心了。

接着，轮到我朗读作文了，我非常紧张。可是，谁也没有议论我的作文。他们可能累了，或者对别人朗读作文厌烦了。谁知道呢？约翰尼·琼斯说，我有三个家是贪心。我对他说，我没有办法。我只能做别人吩咐我做的事情，去别人送我去的地方。

4月25日　星期日　澳新军团节

今天是澳新军团节。在城里，为了纪念为澳大利亚战斗过的人，举行了盛大的游行。澳新军团指的是澳大利亚和新西兰军团，是

---

① 朱诺：罗马神话中主神朱庇特的妻子，司婚姻、生育，是妇女之神，相当于希腊神话中的赫拉。

对在土耳其加利波利①战斗的士兵们的称呼。养父去和住在周围的几位老人喝了几杯啤酒。那些老人都参加过那场战争。养父回到家里时，我觉得他有点儿醉了。他让我们都站在厨房里，听他读报上的一首小诗。读完之后，我们必须重复最后一句。那首诗是：

> 时光把我们变老，
> 他们却依然年轻。
> 岁月让我们疲惫，
> 他们却依然抖擞精神。
> 无论黄昏，
> 还是清晨，
> 我们都要把他们记在心中！

我们齐声说："我们都要把他们记在心中！"然后，养父就上床睡觉去了。

---

① 加利波利：土耳其西北部的狭长半岛，在达达尼尔海峡和萨罗斯湾之间绵延伸展。第一次世界大战期间盟军和土耳其军队在该地进行过惨烈的激战。

4月26日　星期一

今天，福斯特小姐和养母在学校里谈话了。她们看起来很严肃。果然，我一回到家里，养母和养父便叫我坐下，然后告诉我福斯特小姐说的话。她对我养母谈了我的作文《我是谁？》，还说我谈到收养院和我出生的家庭。养母和养父没有生气，不过他们说，我必须忘掉过去，珍惜现在。他们不希望我再提起博默德里或者我出生的家庭。他们说，总提那些事情，他们会觉得我不知感恩。"你还没有意识到我们为你做的一切对于你多么重要。你就那么不懂得感恩吗，玛丽？"养母就是这么说的，她几乎哭了起来。我非常难过，答应不再谈起博默德里的任何事情。养母拥抱了我。养父拍了拍我的头说，我虽然是个肤色很浅的土著人，但我是个好孩子。养母对他说，不要再提土著人了。我现在正在努力学习，把自己变成一个受人尊敬的白人。现在，我终于明白他们为什么要把我送到这里的原因了。他们是想把我变成白人，再也不做土著人。因为土著人让人嘲笑，被人欺负。我第一次希望自己变得像周围的人一样——变成白人。

5月1日　星期六

今天我们过得非常愉快。养母带着我、索菲和萨姆从高尔顿坐火车进城。进城后，我们去了悉尼市图书馆的儿童阅览室。这个图书馆已经开放二十五年了，有很多图书。索菲非常喜欢《神奇保姆》^①，坐在那儿看了一下午。

我把图书馆逛了个遍，看了几本关于悉尼的书，还查看了一下我们住的艾夫斯街在地图上的位置。这条街和皮姆勃尔、基尔拉、林菲尔德、罗斯维尔以及近郊其他几个居民区，合起来组成库林盖。库林盖是一个土著人部落的名称。白人登陆之后就用这个名称命名了这个地区。所以，依我看，库林盖人才是悉尼北部地区真正的主人。

你知道吗，艾夫斯街位于库林盖区蔡斯公园附近。1896年以来，人们一直管这儿叫"蔡斯"。后来，1928年，这个地区变成库林盖自治区。公园里还有土著人的岩画，不知道我能不能看到。我想，从现在起，我就应该把这儿叫做"蔡斯"。

5月2日　星期日

今天我们玩得开心极了。我都不想回家了。我们乘渡轮到了港湾右边的特伦加动物园。养父说，这个动物园建于1916年，而且一直在增添新的动物。

---

① 《神奇保姆》(*Mary Poppins*)：是一套儿童读物，在西方颇受欢迎，作者 P. L. ·特拉维斯生于1906年，是澳裔英国儿童文学作家。

我真不知道自己最喜欢哪个动物。我很喜欢那头大象。一个头戴软帽的人是它的主人。我们八个人骑在象上，穿过一道拱门时差点儿被卡住。我也喜欢儿童乐园里的兔子。为了喂兔子，我差点儿从栅栏上摔下来。不过我没摔下来，很走运，对吧？后来，我们又坐游览车。萨姆不坐，他说那是逗小孩儿玩的。我还看到高大的长颈鹿。它抬起头的时候，悉尼港大铁桥就在它身后。因为离得远，大桥看起来很小。看狮子、老虎和蛇之前，我们去茶室吃了一些茶点。老虎一动不动，可是狮子咆哮的声音很大。索菲挺害怕，而我只是笑。离开动物园之前，我们还去看了看花钟。花钟是个钟形花坛，活像一个大座钟，上面有指针，显示的时间很准，真是神奇得很。不知道人们是怎样造出这座花钟的。

今天我的心情本来很好，可是萨姆一句话，让我十分扫兴。他说，土著人像猩猩。动物园里有三只猩猩，名叫弗里达、弗雷迪和彼得。萨姆指着那三只猩猩说："喂，玛丽，那儿才是你的家。"我听了气得眼泪汪汪。养母、养父一定看见我脸色不好。养母连忙用胳膊搂住我。养父打了萨姆一记耳光。这一耳光，才让我觉得没白受他凌辱。我不明白他为什么总爱说这种让人难受的话？他那些可怕的念头是从哪儿来的？可能是因为没有人说过土著人的好话吧。我想，那是因为他们不了解土著人。我出生在土著人家庭，他们却非要我忘掉自己的爸爸、妈妈，还要我时时处处像白人一样做事。我也在尽最大努力。唉！真烦人。不过，今天晚上我不再为这事烦恼了。我只回忆那些令人愉快的事情，比如，海象和海豹跃出水面捕鱼，然后扑通一声跳进水里。

5月3日　星期一

自从给罗斯院长写信，已经过去快三个星期了，可还是没有她的回信。我希望她不会是因为我提的那些问题生气了。希望她已经收到我的信。

5月4日　星期二

还是没有院长的信。我也没有收到过玛伊的信。

5月5日　星期三

还是没有信。

5月6日   星期四

今天收到了罗斯院长写给我的信。我非常激动。她还寄来一张孩子们的照片，一定是什么人去收养院拍的。当我从学校跑回家，查看信箱，里面果然有一封信。信封的正面写着：玛丽·泰伦斯小姐。我立刻打开信封，信上写着：

亲爱的玛丽：

收到你的来信我非常高兴。你的信写得大有长进。伯克夫妇照管你，我很高兴。你很快就会习惯学校的环境。不要在意那些顽皮的男孩、女孩说的话。如果他们总是不守规矩，就不能进入天堂。

这儿的孩子们都很想念你，包括小约翰，尽管他还是个婴儿。我敢担保，他知道你不在他身边了，但他还是那么乖，不哭不闹。由此可见，你在我们这儿工作得多么出色，把他培养成了一个非常懂事的小宝宝。

我并不想把你送走。在这个收养院里，你是我收养过的最好的姑娘。可是土著保护局说你必须离开。请不要生我的气。相比之下，你生活在伯克家好多了，他们可以让你过上白人一样的生活，拥有白人拥有的一切。希望尽快给我回信，告诉我你的家庭作业做得怎么样，你结交的朋友怎么样。致以

最良好的祝愿！

罗斯院长（妈妈）

关于妈妈的信，她连一个字也没说。但愿她已经把那封信寄给妈妈了。为了弄明白，我得再给她写封信。我会另外抽时间写信。现在我正为收到她的信激动呢！

我没有把这件事告诉养母、养父，怕他们不高兴。他们要是知道了，会认为我不喜欢他们，而那不是真的。

5月7日　星期五

你说怪不怪？你绝对不可能猜出来，今天我竟然在商店里遇见了那个姑娘，就是几个星期前索菲和我在街上看见的那个女人。她叫多萝茜，为了叫起来省事，人们管她叫多特。她立刻和我搭讪起来。她说我是土著人。可我说自己是白人。她做了一个鬼脸儿，不高兴地盯着我看。这是一件很不平常的事。她是我到这里以后，见到的第一个土著人。她说，整个郊区，只有我们俩是土著人，所以见到我非常高兴。她还说，她在一个白人家干活。那家人姓沙利文，她已经在那儿干了三年。他们那条大街上住的都是医生、牙医或者律师。沙利文家住的是一幢红砖房子，窗户很大，花园非常漂亮，里面玫瑰盛开，草坪碧绿。

我不能长时间聊天，因为我得回家。养母总是嘱咐，放了学就赶快回家，不要闲逛，也不要和陌生人说话。可是，多特第一次和我说话，而且她看起来是个很好的人，我就想，和她说说话也没有什么大不了的。多特说，我们很快就会再见面的。走到我住的那条名叫普特里的林荫路时，她说，"普特里"是土著语，是"寒冷"的意思。我听了一点儿也不惊讶，因为我在这儿从来没有感受到温暖和爱。

让人恼火的是，我回家对养母讲起多特的时候，她非常生气，不准我再和多特说话。不是因为多特是个陌生人，而是因为她是个土著人。她说，我不能和那种人交往。我很不理解，也很难过。因为自从来到这里，多特是第一个像朋友那样和我说话的人。我希望养母改变看法。早晨再问问她。

5月8日　星期六

今天养母没怎么对我说话，我也没有再提多特。过些日子再说吧。

5月9日　星期日

今天我们坐着伯克家那辆汽车出去兜风。他们是分期付款买下这辆车的。养母说，"分期付款"就是一次只付少量货款的购物方式。只要你付清首期货款，就可以把汽车开回家。

汽车是林肯牌的。不过养父说，这辆车不是正宗美国产的林肯牌，因为它的发动机是欧洲生产的，其余部件是美国生产的。照这么说，它就是一辆跨国的"林肯"了。它来伯克家已经十年。我想，到了我可以开车的时候，它一定已经太旧了。可是我喜欢这辆汽车。它的车顶可以打开。车顶打开时，风吹到你的脸上和头发上，特别舒服。索菲却不喜欢，她觉得那会弄乱她的头发。有时候，她显得非常娇气。今天下雨，所以没有打开车顶。我们从车窗观赏外面的景物。我们开车来到曼利海滩，看见有人在冲浪。那种运动非常刺激。风卷起汹涌的海浪，人在波浪中玩耍。我不会冲浪。萨姆说他会。我倒乐意看他试试，让海浪把他完全翻卷进去。

雨停之后，我们下了汽车，沿着海滨人行道散步。人行道两旁，高大的松树排列成行，人像在森林里一样。松树一片葱绿，十分好看。我们还买了冰淇淋。索菲和我比赛谁舔得快。最后也不知道谁赢了。

5月10日　星期一

我向养母提起多特，她又一次大发脾气，养父也生气了。他和养母的想法一样，不准我和任何一个土著人说话。他们还告诉我，应该努力变得更白一些，像索菲和萨姆那样。因为好人是白色的，坏人才是别的颜色。他们没有告诉我，他们说的好人和坏人是什么意思。我不想变成坏人，可是对着镜子看了半天，我还是不白。我的兄弟姐妹也都是褐色的。我的亲生父母也一样。因此，我怎么能变白呢？多特呢？她也在努力变白吗？不过，我觉得不大可能，她太黑了。再见到多特，我一定问问她。

5月11日　星期二

今天放学后，养母和养父又一次提醒我，不应该和土著人说话，因为他们酗酒，很脏。可是我想告诉养母、养父，多特是个非常干净的人。她的手套雪白，衣裳也很干净，就像白人一样。我相信她不喝酒。他们说土著人不是好人，要我按他们说的话去做。如果不听他们的话，我就会像别的土著人一样变不成好人。

5月12日　星期三

今天，学校里贴出乔治六世国王加冕的特别通告。六世是第六代的意思。加冕的意思是给他戴上王冠，让他当国王。罗斯院长过去常说，如果我们表现好，她就给我们加冕，不过，院长是说给我们戴上一顶花冠，而不是王冠。我很想念院长。

5月13日　星期四

今天上音乐课的时候，埃莉奥特小姐给我们布置了作业。你可以编一首歌儿在班上演唱，也可以用乐器演奏乐曲。冬妮娅打算拉小提琴。小提琴是一种很难演奏的乐器。我打算写一首关于自己的歌儿。我得好好想一想，等想好了再写日记。

5月14日　星期五

我一直在想音乐作业，打算写一首歌儿。现在，我已经写好了歌词，打算用索菲的小手鼓伴奏。养母说这个想法不错，可是索菲不愿意把小手鼓借给我。

我住在艾夫斯街，我住在艾夫斯街，
这里有很多蜜蜂，蜂巢却不多。
这里马路平整，绿树成荫。
我住在艾夫斯街。

> 我住在蔡斯，我住在蔡斯，
>
> 这里处处整洁，风光秀丽。
>
> 居民都是白人，待人亲切和气。
>
> 我住在蔡斯。

5月15日　星期六

大雨整整下了一天。养父说"在下猫和狗"①，可是我连一只猫、一只狗都没有看见呀！我们只能待在家里，看看书或者做点儿别的什么。我在练习我写的那首歌，还得求索菲用她的小手鼓为我伴奏，因为小手鼓是她的。我还得修改一下歌词。为什么修改，你一定知道。

> 我住在蔡斯，我住在蔡斯，
>
> 这里处处整洁，风光秀丽。
>
> 除了夜晚，阳光普照大地，
>
> 我住在蔡斯。

索菲似乎喜欢这首歌。

---

① 这句话的原文是 "……it was rainin' cats and dogs……" 是一个成语，意思是 "下瓢泼大雨"。玛丽不懂，按字面意思理解为 "下猫和狗"。

5月16日　星期日　耶稣升天节

今天，去完教堂以后，我们去本格罗公园野餐。本格罗是艾夫斯街的一个大公园，很像一片森林。天气非常晴朗，天空蓝蓝的，我很喜欢。我特意把蓝色的缎带系在头发上，这样一来，我就和蓝天相称了。我们步行穿过树林的时候，养父一直说个不停。他说，1788年4月16日，总督菲利普到达悉尼以后，就在这儿住了一夜。养父认为，这是一处很重要的历史遗址，因为它和"第一舰队"有关。我说，菲利普船长来这儿之前，这里就居住着土著人。那时候，他们的情况是什么样子呢？你知道，我读过库林盖人的历史。那时候，他们就生活在这儿。养父一句话也没说，只是咂吧着舌头发出啧啧声。父母亲对孩子不满时，常常会发出这种古怪的声音。不过，野餐还不错。

5月18日　星期二

哇，今天我收到玛伊的来信了，一定是院长转来的。我从学校跑回家，玛伊的信就在信箱里。这封信最先落到我手里真是太走运了。养父、养母一直想让我彻底忘掉收养院和收养院发生的一切。如果这封信落到他们手里，就不会给我。不管怎么说，我总算收到玛伊的信了，她在信中是这样说的：

我最亲爱的朋友玛丽：

　　我在库塔蒙德拉女子收养院。我不喜欢这个地方。它不像博默德里。我没有要好的朋友，也没有一个看上去像朋友的人。现在我非常想念你，想念收养院别的孩子们。

　　这里天气很冷，让人觉得十分难受，远不如博默德里那么好。不过，这个收养院坐落在山顶上，从庭院里可以看见库塔蒙德拉的全貌。

　　这个收养院的房子也不一样。博默德里以前是农舍，而这个收养院以前是一家破旧的医院。你无法想象，这地方多么令人讨厌。我们睡觉的集体宿舍是以前的病房。不久前的一个晚上，大家正要睡觉，一个名叫艾莉的小姑娘扯开嗓门儿叫喊起来。她才十岁。管理员从宿舍把她弄走。他们都是白人。谁也不知道艾莉去了什么地方。有人说，她去了精神病院。是这个收养院把她逼疯的。真希望她能恢复健康。

　　姑娘们想去看电影或者想干别的什么事的时候，可以在园子里干活，挣点零用钱。我还没有干过那种活。我只干一般的活儿，比如，洗衣服、擦地板、熨衣服、缝缝补补，好像人家的奴仆。可我还不到十一岁。他们说，等我们长到十四五岁，就得寄住在一户人家里，给他们干这种活儿。我想，应该反过来，有人给我们干这种活儿才对，因为我们还是孩子啊。

　　有一件事倒是和博默德里相同。他们也说，我们的父母亲不爱我们了，不关心我们了。可是你和我都知道事情不是这样的。他们一定以为我们都是傻瓜。不过，有些孩子相信他们的鬼话，因为从来没有人来这儿探望他们。有时候能收到来信，比如，我就收到了你的信。

现在我得走了。我希望你一切顺利。请代我向收养院里的每一个人问好，告诉他们，我想念每一个人。

快点儿回信。

你最好的朋友：玛伊

5月19日　星期三

我还在想玛伊信里说的那些话。看起来库塔蒙德拉完全不像博默德里，这让我非常难过。我有了这个家，应该有的生活用品也都有。玛伊却在干那些苦活儿、累活儿。想想看，索菲那样的人能干那种活儿吗？她连自己的床都不会整理。她会缝补自己的衣服，缝补别人的衣服吗？一定不能！

5月20日　星期四

今天，我们必须在课堂上交音乐作业了。我在小吉他的伴奏下，演唱了我写的那首歌唱艾夫斯街的歌曲。大家都给我鼓掌。全班只有冬妮娅会拉小提琴，她真了不起。约翰尼·琼斯吹雷高德①。傻乎乎的，吹得一点儿也不好。

5月21日   星期五

今天放学以后，养母领我和索菲去理发。我们俩只剪去了一小截。理发师说，长长的卷发非常时髦。索菲不高兴，因为她长着一头没有光泽的直发。我告诉她，等上学时，我可以给她卷发。她听了以后高兴多了。

养母没有剪发。她一直戴着帽子。她常把帽子歪戴在头上，看起来很美。她涂口红，染指甲。我问养母，口红是不是给不正经的女人准备的？因为院长就是那么说的。养母听了皱起眉头。她的手提包里总是装着一面小镜子。她常常照着那面镜子化妆。她还有一件兔皮大衣，是在特殊的场合才穿的，比如，她和养父出门与朋友们聚会的时候。

---

① 雷高德：一种笛子，有八个指孔和一个哨状吹嘴。

5月22日　星期六

　　你可能不相信，今天索菲要我给她卷头发，却连一个"请"字都不说。她那么没礼貌，我就说"不"。她说，我要是不给她卷，就把我在商店里和多特说话的事告诉她爸妈。我担心她真的告状，就和她讲好条件，我每见多特一次，第二天上学前，就给她卷好头发。起初，她想要我天天给她卷发。我说："谁也不会相信我那么喜欢你，愿意天天给你卷发。"她只好说："那么，好吧。"我虽然认为她是个很难相处的女孩儿，可是在这件事情上我们彼此都得到了好处——我能和多特见面了，她因为卷了头发看起来不那么难看了。

5月23日　星期日

　　今天我受洗礼成为天主教徒，养母和养父都很高兴。从教堂回来以后，我们还举办了一个小型宴会。可是我不太明白我们在庆祝什么。哦，现在我肯定是个浸礼会教派的天主教徒了，是吧?

5月24日　星期一

今天在商店里我又见到了多特。她正给沙利文家买面包、牛奶和鸡蛋。她穿着一套很漂亮的衣服，整个人显得那么精神。我对她说，伯克夫妇不准我跟她说话。她问我为什么，我把原因告诉她。她听了之后十分生气。

多特问我，知道不知道亲生父母是谁。听了这句话，我很苦恼。明知道他们不准我和多特说话，还是想把一肚子话都说出来。她拉着我的手，从商店出来，朝那个像森林一样的公园走去。我和她手挽手走着，顾不得养母、养父生气。多特说，如果我想知道，她可以把她知道的许多事情告诉我。不过，下午5点以前，她得回家给沙利文家熨衣服、做晚饭。多特说，她成了沙利文家的奴隶了。洗衣、熨衣服、缝补衣服、打扫房间、做饭，样样都干。她说，她干活儿没有工钱。每个星期都得跪在地板上，把所有房间的地板都擦洗一遍。吃饭的时候，要把主人一家的饭菜摆好之后，她才自己去厨房里吃。她说，不能和大家一起坐在餐桌旁边吃自己做的饭，让她觉得就像一条狗。我为她难过，又为养母、养父让我和他们一起吃饭而高兴。

我们约好星期五放学以后去商店见面。为了不让养母知道，我必须编故事骗她，虽然我从小就知道撒谎不好。但我想，倘若养母知道我要去见多特，一定非常生气。其实她不应该生气，她应该喜欢多特。多特不但长得好看，衣服漂亮，而且很有礼貌。

多特说，星期五放学后她在商店和我见面。

5月25日　星期二

按照"协议"，今天我又给索菲卷了头发。去学校的时候，我一定得把她打扮得漂漂亮亮。养母说，我们相处得这么融洽真让人高兴。要是索菲懂得这话的意思该有多好，是吧？

今天晚上，养母和我一起包装送给索菲的礼物，因为明天是她十岁生日。我们两个人同岁，她比我小几个月。养母、养父送给她一个很贵的玩具娃娃。我知道索菲一定会喜欢。我也有一件礼物要送给她。要想知道是什么礼物，你得等到明天了。

5月26日　星期三

今天晚上，家里散发着浓浓的巧克力香味。养母为索菲的生日做了她最拿手的巧克力饼干。索菲非常喜欢我送给她的那本书——《神奇保姆》。买书的钱是养母给我的。索菲说，这本书虽然不是儿童看的书，但她喜欢。我以为，那次在图书馆她已经读过这本书，不想再看了。可是她说，她一直喜欢这本书，有了这本书她非常高兴。

我们吃了一顿特别的生日晚餐，有烤羔羊肉、豌豆荚、南瓜，还有调味的肉汁，真好吃。

5月27日　星期四

索菲还在给她的新玩具娃娃读《神奇保姆》。现在她一定把这个故事牢牢记在心里了。

5月28日　星期五

今天我迫不及待地去见多特。我从学校跑到商店的时候，她正在等我。虽然快到冬天了，但是在阳光下，我还是感到很热。多特看起来好像非常想和人说话。我想，这是因为她在这地方没有朋友。悉尼的土著人不多，艾夫斯街附近根本看不到他们的踪影。

她把她的情况都告诉了我。她十七岁，全名叫多萝茜·海伦·默里。她说她是考拉人，八岁时，从考拉去了库塔蒙德拉土著女子收养院。后来，她十四岁的时候离开那儿。我问她，他们是不是管那地方叫"库塔"。她笑着说是。

多特说，她是土著人，又说她来自新南威尔士西部的怀拉德贾里部落。我让她把那个名字写下来，因为太长，我记不住，更不知道怎样拼写。她问我知不知道自己属于哪个部落。我说，我不想属于任何一个土著人的部落，因为这儿的人都说土著人不好。我问她，会不会因为自己是个土著人而羞耻。她眉头紧皱，过了很长时间才说："你是土著人，这没有什么可羞耻的，玛丽！白人想要你忘掉你是土著人，他们想让我们像白人一样。"她用了一个以字母 A 打头的文绉绉的词儿①，我不知道那个词是什么意思，也不完全明白她说的话。看到她那生气的样子，我有点害怕。

她说，上个月举行了一次重要会议。政府宣布，像我这样的土著人都得融入白人社会。这就是我住在伯克家的原因。她说，这是政府的政策。她又用了一次那个以字母 A 打头的词儿。不管怎么说，这个政策要让土著人的行为举止都像白人。我不大明白她的话，只是耸了耸肩。

多特一直说个不停，我焦急不安地看着站在远处的索菲，心里想，明天早晨又得给她卷头发了。不过，对卷头发的事儿，我并不特别介意。

多特继续说下去，而我有点糊涂了。非常糊涂。她告诉我她被警察从家里带走的情形，说她和别的孩子一起，就像一群牛或者一群羊一样，被赶到一个地方，然后再按皮肤颜色的深浅排队，就像我们

---

① 这个词儿是 assimilate，在这里的意思是"同化"。

过去在收养院那样。她说，有的被叫做混血儿，有的被叫做"夸德隆"①。皮肤非常非常黑的被叫做纯种土著人。我不知道纯种是不是指血液充足②。如果是的话，那些不是"纯种"的人是怎么回事呢？难道他们血液不充足吗？我头一次听到这种说法。我以为只有"好白人"和"坏土著人"的区别，但我们都有足够的血液呀！真不明白"混血儿"和"纯种土著人"到底是怎么回事。可是我不好意思去问多特。她好像因为我说土著人不好，生气了。希望她下一次见到我的时候告诉我。

5月29日　星期六

今天没干什么活儿，只是打扫了一下我们的房间，然后躺在床上，读早已过期的《澳大利亚妇女周刊》。那些杂志是养母从1933年以来收集的，估计她一本也没有扔掉。这里有许多这种杂志，积满了灰尘。哦，说到灰尘倒是提醒了我，我不知道小达斯蒂在博默德里的情况怎样。我很想念那个冒失的小男孩。今天，卷了头发的索菲到处闲逛去了。

---

① 夸德隆：有四分之一土著血统的人。
② 英语中"纯种"（full-blood）与"血液充足"（full-of-blood）发音相近，玛丽不懂"纯种"的含义，误把"纯种"当成"血液充足"，因此提出这种疑问。

5月30日 星期日

我还在想着前天多特对我说的那些事。我真想问问什么人。今天在教堂里，我为所有那些没有足够血液的人做了祈祷。

5月31日 星期一

今天，福斯特小姐给我们布置了一道特殊的作业题：让我们大家都写出自己的家谱。家谱上应该包括祖父母，可是我不知道他们的名字。我不可能记得。我到博默德里的时候年纪很小。福斯特小姐说，可以回家调查。可是伯克夫妇不是我的亲人，我怎么调查呢？他们不知道我亲生的爸爸、妈妈，不准我提起亲生的爸爸、妈妈。我不知道能不能再见到多特，也不知道她能不能帮助我。

6月1日 星期二

我不再想那些让人摸不着头脑的事情了。可是，多特又提起白人想把土著人改造成白种人，想改变我们血统的事情。她还给我讲了一些别的事情。我听了非常生气，不明白白人为什么会干出那种事情。

　　为什么政府允许白人用这样恶劣的态度对待土著人，甚至对待像我和多特这样的好人呢？她说，在我们居住的新南威尔士州，政府颁布了一部叫做《土著人保护法》的法律。这部法律规定，混血的土著人，也就是既有白人血统，又有土著人血统的混血儿，可以获得证明他们不再是土著人的证书。为了得到这种证书，必须承诺不再和他们的亲人、部落来往。这样，人家就不再拿他们当土著人对待了。因为他们已经变成白人，可以喝酒，可以和白人一起坐在电影院里看电影，还允许他们在公共游泳池里游泳，参加别的活动。你看，土著人是不能做这些事情的。

　　还有一个叫做"土著人保护局"的机构。听名称，这个机构应该是保护土著人的。但我不知道他们是怎样保护土著人的！是保护这部分土著人不受别的土著人的伤害吗？我认为，应该保护土著人不受制定这些法律的白人的伤害。正是这些白人让土著人看不起自己；正是这些白人让土著人不能拥有白人拥有的一切。白人和他们的政府应该为此而感到羞耻。在澳大利亚，土著人没有选举权，但他们是这块土地上最早的居民。

6月2日　星期三

　　我不得不给索菲卷头发，结果差一点儿迟到。福斯特小姐让我们在课堂上做她留的那道作业题。约翰尼·琼斯大声说，我不可能做出这道作业题，因为我是孤儿，因为我的亲生父母不想要我，也不能照顾我，我应该被收养在孤儿院里。福斯特小姐对他没有任何惩罚，比如打他或者给他别的什么惩罚。我哭了起来。我觉得他说得有点儿对。也许这正是我和罗斯院长一起生活在土著儿童收养院的原因。

　　福斯特小姐让我洗一洗脸。我只好坐下来，做这道作业题。

　　我就从我自己开始，在一页纸上写下"玛丽·泰伦斯"，然后，紧挨我的名字，一边是我的亲兄弟姐妹的名字，另一边是伯克一家人的名字。我还得把罗斯院长的名字也写在上面，因为她也像我的妈妈。下一次见到多特的时候，我想听一听她会说什么。

6月3日　星期四

　　今天在课堂上，我们都得大声朗读班尼欧·彼德森①的《雪河男子汉》。班尼欧属于哪一种称呼呢？他的本名叫安德鲁·巴顿·彼德森，可是人们叫他班尼欧，就像叫我泰姆勃林·泰伦斯一样。这个名字还算好听吧？等我成了著名歌手，我可能就叫自己泰姆勃林·泰伦斯。我认为这是一首很没有意思的诗，写一个来自雪河的男人。他骑

---

① 　班尼欧·彼德森：著名诗人，他创作的《雪河男子汉》中描述的骑士形象，出现在悉尼奥运会开幕式上。

着马把马群赶到一起。可是诗中没有提到女人。那时候，女人不骑马吗？你知道，这首诗可有年头了。福斯特小姐说它发表于 1895 年。我们应该读一些比较新的书和诗歌，难道不是吗？

6月4日   星期五

今天我在商店又遇见多特了。我把我知道的亲人们的情况都告诉了她，比如，我兄弟姐妹们的名字，他们比我大几岁或者小几岁。她用手捂住我的嘴，不让我说下去。她说，她认识珍妮和玛格丽特。她们和她一起在库塔蒙德拉女子收养院待过。她们之间的关系很亲密，很谈得来。珍妮和玛格丽特常常说起兄弟姐妹的情况，还说非常想念他们，尤其想念我。多特的话让我十分高兴。

多特还说，我们老家也在考拉，所以我也是怀拉德贾里部落的人。也许我和多特还是亲戚呢！在艾夫斯街这种地方能有一个真正的亲戚，太让人高兴了。多特也很高兴，她紧紧地拥抱着我，还叫我"tidda"。她说，这是土著语，是"妹妹"的意思。天色已晚，我知道，如果我不赶快回家，养母会很生气的。告别时，我们说好下星期再见。我还需要她帮我完成那道作业题呢。我很喜欢今天多特紧紧的拥抱，因为好长时间没有人拥抱过我了。我希望下次见面时她能再紧紧地拥抱我。

6月5日　星期六

我已经给索菲卷了许多次头发了。每次给她卷发，我都想起和多特在一起的情景，想起她对我说的那些事情。我从她那里学到很多知识，比从福斯特小姐那儿学到的还多。

6月7日　星期一

今天我在商店遇见多特。她给了我几块糖，这是违反规定的。晚饭前不应该吃糖果，但是那些糖果实在好吃。走着回家时，我请她帮我写家谱。她说愿意帮我，我就把已经写好的那张纸让她看了。

多特说，知道你的父母、爷爷、奶奶和兄弟姐妹是谁很重要，因为只有这样，你才能知道自己是谁。我认为多特非常聪明。

她说，我家住在考拉的一个教区里。我问她什么是教区？她说，白人不喜欢土著人住在城里，就把土著人赶到一起，让他们住在政府用不着花费很多钱，就能维持下去的特殊地区。那些地方只有土著人居住，由教堂管理的，叫做教区；由政府管理的，叫保护区。土著人如果想离开教区或保护区，必须得到批准。因为在澳大利亚，土著人有人专门管理，不像白人那样有很多自由。

多特把我写的家谱带回了家。再过几天就该交作业了。我想星期三和她见面，从头到尾再把家谱仔细检查一遍。我会把家谱写在日记上，让你也看一看。这样你就知道我的亲人是谁了，是吧？

6月8日　星期二

今天，冬妮娅对我说，索菲卷了头发很漂亮。听了她的话，我只是笑了笑。她还把她的家谱让我看。我很喜欢她的家谱，因为上面那些名字和我们常见的名字不一样，比如路易吉、马里奥和吉斯皮。她家是1926年来到艾夫斯的。她爸爸是移居到这个地区的第一个意大利人。在雅拉布恩公路两旁，他有大片土地。他在那儿种水果。

6月9日　星期三

今天，我很容易就见到了多特，可是写家谱就难多了。我虽然记得麦克斯、巴斯塔、玛格丽特、珍妮、布卢伊、贝蒂和詹姆斯，但是不知道妈妈和爸爸的名字。平常，我只是叫他们妈妈、爸爸。爸爸也总是说我是他的"公主"。我真的是"公主"。院长也把我叫做她的"咖啡色小公主"。我很难过，我只知道养母、养父伯克夫妇的名字。养母叫莫伊拉，养父叫帕特里克。我也不知道奶奶和爷爷的名字，因此我的家谱没有写完。

多特说，我不知道这事不是我的错，如果不是政府把我和其他土著儿童从父母身边抢走，谁都知道自己的亲人是谁，谁都能写出自己的家谱。

6月10日　星期四

今天，我把我写的家谱带到学校，福斯特小姐说我写家谱的方法还可以。不过，她又说，我应该把不是伯克家的其他人去掉，而且应该在他们的名字旁边写上"收养人"。但是，我怎么能舍弃我的亲兄弟姐妹和博默德里的人呢？我答应照她说的去写，因为我不想让她告诉伯克夫妇。如果那样，会给我惹来麻烦。她是老师，她一定是对的，是吧？今天晚上我一定要把它写完，明天带到学校去。

我不得不问养母她父母亲的名字是什么。我得把他们的名字写在家谱上。对我来说，这也是一件新鲜的事情。我在博默德里的时候，没有一个人谈论自己的亲人。我们是从哪里来的，好像是一个不能说的话题。

下面是我真正的家谱。我要带到学校的不是这份。

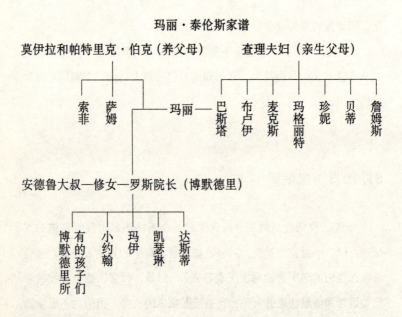

6月11日　星期五

　　今天福斯特小姐宣布，星期一我们用不着上学了，那天是女王的生日，我们放假。我想起在博默德里，我们也过这个节日。福斯特小姐说，自从囚犯们第一次到达澳大利亚，六月的第二个星期一就成为一个节日了。这就是说，我们要有一个长长的周末了，是吧？

6月13日　星期日

今天做完弥撒之后，养母去拜访埃莉奥特太太。埃莉奥特太太是我们学校的老师，在教堂唱诗班唱歌。养母对她说，我想去唱诗班唱歌，还想参加学校的合唱队，因为我有最好的童声。埃莉奥特太太说，好极了，合唱队大约有十五名学生。星期二下午放学后排练。更让人激动的是，他们在年底参加学校的演出，并且参加包括唱"圣诞颂歌"在内的圣诞庆典。人人都要像耶稣诞生时那样打扮得漂漂亮亮。听起来很好玩。

6月14日　星期一

今天是假日，多好啊。不上学！可惜早晨醒来才发现天气很冷，地上结了霜。没有什么事做，就和索菲一块消磨时间。天又下起雨来，我们只得待在家里。索菲玩她的玩具娃娃，我又读了一遍《雪河男子汉》。因为太无聊了。养母有一本书，书名是《雪河男子汉及其他诗歌》，和福斯特小姐那本一样。养母爱看书。我想，如果有运动方面的书，养父可能也爱看。

6月15日   星期二

今天我遇见了多特，她说："你好，mima！"我以为她把我当成别的什么人了。她告诉我，mima 是土著语，意思是"星星"。她又说，从现在起她就叫我 mima 了，因为我是艾夫斯街的一颗星星。我对她说，我管那条街叫海芙斯。她笑了起来。她打算教我更多的土著语。我不能再耽搁时间了。她一边紧紧地拥抱我，一边说"再见"。我浑身感到温暖。

6月16日   星期三

中午，阳光明媚，我坐在那儿，脸被太阳晒得热乎乎的。虽然正在玩耍的孩子们发出阵阵喧闹，但我困得快要睡着了。我只好让自己忙起来，那样就不打瞌睡了。我写了一首歌，歌词里有我新学会的土著语 mima。不是像"小星星，亮晶晶"那样的歌词。那种歌词听起来没意思。我写的歌词是这样的：

我是艾夫斯街的小星星，
我是爸爸的掌上明珠。
虽然千姿百态，

但始终在天上漫游。

别的小姑娘喜欢玩具娃娃，

我却把男孩看作对手。

哦，我是mima，

艾夫斯街的小星星！

我把这首歌唱给冬妮娅听，她听了连声说好。她是我最好的新朋友，可是我永远不会忘记玛伊。因为在整个世界上，玛伊才是我最好的朋友。

6月18日　星期五

有时，我很讨厌福斯特小姐，因为她没有当老师的聪明才智。今天在课堂上，她讲澳大利亚历史上的重要时刻。她说，1901年是重要的一年。那一年，我们变成了联邦。接着，1902年，新南威尔士州的妇女得到了选举权。我说："老师，白人妇女得到了选举权，可是土著妇女没有得到。连土著男人都没有选举权，老师。"哦，她大发脾气，因为我让她在全班同学面前出丑。可我不是故意的。我只是要告诉她，她忘记了土著人。约翰尼·琼斯嘲笑道："土著人连选票都看不懂，他们会投谁的票呢？"他的话激怒了我。我说，我认识的土著人不仅会读，还会写，也许比你还强呢。我叫他当场拼写 discrimination（歧视）。你猜怎么样，他马上把嘴闭上了。因为对他来说，这个单词太长了。瞧，多特说得多对呀。她有一次对我说："叫得最高，未必聪明。"（这句话算得上格言吗？从现在起我就把它当成格言了。）冬妮娅给我写了一张纸条，偷偷传给我。她认为我比福斯特小姐还聪明。

6月19日　星期六

今天晚上养父回到家里显得十分高兴。他去悉尼板球场看了一场橄榄球联盟的决赛。东郊雄鸡队取得胜利，那是他最喜欢的橄榄球队。养父也一定赌赢了球，腰包满了，就给大伙儿带回许多糖果，还有几瓶啤酒。他喜欢在星期六和星期日下午喝啤酒。养母只喝掺柠檬汁的啤酒。她总是把柠檬汁掺在她喝的啤酒里。她说，这才是女士们的喝法呢。

6月20日　星期日

今天为了去教堂，我又给索菲卷了头发。这有点出乎她的预料。这次给她卷发是因为我心情好，而不是为了叫她把嘴闭上。在教堂里她握着我的手，这也令人高兴。

6月22日　星期二

今天放学后，我第一次参加了合唱队的排练，因为这所学校不是天主教学校，所以我们唱的不是教会歌曲。埃莉奥特太太听我唱得声音很高，就对我非常好。她说我的声音洪亮。合唱队有一个很招人喜欢的男孩子，我不知道他的名字。他好像比我低一个年级，可能和索菲同班吧。

6月23日　星期三

今天，我在学校里到处找人，很想打听到合唱队里那个招人喜欢的男孩子的消息。可是，因为很少有人和我说话，很难打听到什么消息。我叫冬妮娅去打听。跟"外国佬"说话的人总比跟'土著佬'说话的人多吧。她说那个男孩名叫乔伊，也是个意大利人。他长着一双大大的蓝眼睛，满口雪白的牙齿，实在招人喜欢。我喜欢牙齿好的人。在博默德里，我们大家的牙齿都很好，多特的牙齿也很好。

6月25日   星期五

今天我收到学校的成绩单。福斯特小姐给我写的评语说，我是个令人满意的姑娘，吃苦耐劳，品行端正。还有，她原以为我可能弱智，因为我是土著人，可是在学习方面，我不比白人差，甚至比班上某些孩子还聪明。我想，我以前一定错怪她了。我的学习成绩一直都被评为优，就连音乐课也被评为优。老师对养母、养父说，我喜欢弹吉他，有一副好嗓子。

福斯特小姐说，我唯一的缺点是说话不多，写字不够规范。她说我遇到以 g 结尾的单词，总是不写 g。所以，我得多练练以 ing 结尾的单词。我想，这样一来，我就会成为一名十全十美的学生了，是吧？哦，对了，福斯特小姐还说，我说"是吧"太多。看来，要做到十全十美很难的，是吧？

6月28日   星期一

深夜，我坐在窗前，只有月光陪伴着我。大家都睡了，我不能把灯打开。今天夜里天气很冷，我不由得想起博默德里的孩子们。我过去常常给他们盖毯子，保证他们不被冻着。我希望他们身体健康，一切都好；也希望现在能有一个年级高一点的女孩子当他们的大姐姐。那是非常重要的。我认为，人人都需要一个大姐姐。现在，我在这个家里，是索菲的大姐姐，我不知道她是不是真的想要一个大姐姐。我觉得，有时候她很喜欢我来到这个家里，但是她又不喜欢我和她分享这个家里的东西。

6月29日　星期二

今天我遇见了多特，真让人高兴。养母进城去了。我知道她很晚才能回家，就和多特一起去了本格罗公园。我们也把索菲带去了。她只是坐在那儿，读《神奇保姆》。多特告诉我很多关于土著人的事情。有些事情连老师都不知道。这让我觉得放学以后，又上了一堂课。福斯特小姐认为土著人肮脏、愚昧。多特却认为，土著人是世界上最聪明的人。他们发明了回飞镖①，它可以在空中向前飞行，然后再自动返回来。它还可以用来猎杀动物作食物。多特也很聪明。我希望长大之后也能像她一样。她说，她想找一份比给白人家庭做饭、洗衣更好的工作。现在她根本挣不到什么钱，也不能邀请朋友到家吃顿晚餐。我觉得，除了和我见面之外，她也没有很多时间处理自己的事情。

---

① 回飞镖：一种平的、弯的，通常是木制的飞镖，投出去之后能自动回到投掷者手中。

6月30日　星期三

　　今天在商店又遇见多特。她问我想不想星期六和她一起看电影。我问养母我能不能去，她说不能，因为我们已经安排了要做的家务活儿。以前，她就因为我问过她这样的事情非常生气。不过我想，过了这段时间，她也许会改变主意。

　　晚饭后，我听到她对养父说，我应该跟多特和别的土著人断绝往来，因为他们可能对我产生不良影响。我不明白什么是"不良影响"。多特教给我知识，对我有好的影响。我觉得她非常聪明。

　　我很难过，不知道下次在商店见到多特时怎么对她说。但愿那时养母能改变主意。今天晚上我要念一小段祈祷文，希望上帝帮帮我。我要看一看离开博默德里时罗斯院长送给我的那本《圣经》。

　　我连着两天给索菲卷头发。但愿没人怀疑我为什么要连续给她卷发。她对这笔交易十分满意。

7月1日　星期四

　　今天倒霉透了。有人从讲桌下面福斯特小姐的手提包里偷走了她的钱包。我见过那个钱包，那是一个有银色弹簧夹子的红钱包。我没有拿。福斯特小姐烦躁不安，在课堂上宣布了这件事。没有一个人承认。几个孩子小声嘀咕起来，说我偷了钱包。约翰尼·琼斯大声说："没错，是土著佬偷的，因为他们很蠢，找不到工作为自己挣钱。"别的几个孩子也嘲笑说："对呀。"

福斯特小姐和史密斯先生把我带到操场上，问是不是我偷了钱包。我说不是。他们说，放学以前最好把那个钱包送还到福斯特小姐的讲桌上，不然的话，他们就要告诉我的父母了。我哭了起来。我从来没有偷过别人的东西，就连索菲的糖果我也没有偷过一块。她的糖果就放在那个柜子上面的抽屉里。我看见过她把糖果放在那里，可是我连一次也没有翻过她的抽屉。

放学时，福斯特小姐的钱包没有出现在讲桌上。史密斯先生给我养母、养父打了电话，叫他们到学校来。养母和养父对我说，一定要把钱包送回去。我说我没拿。他们说，回家以后，再算账。

现在，我躺在床上。作为惩罚，养母、养父不准我吃晚饭。我很饿，养母做的是南瓜汤和热气腾腾的面包，闻起来香极了。养母、养父说，因为我偷了钱包，他们对我非常失望。我还是对他们说，我没偷。可他们就是不听。他们说，土著人都是道德败坏的人，因此，我必须加倍努力，变成白人，变成道德高尚的人。我真想回到土著儿童收养院。罗斯院长从来没有说过我是个道德败坏的人，也从来没有诬赖我偷东西。她常常把六便士硬币和三便士硬币放在桌子上，房门大开着，我从来没有拿过一枚。

7月2日　星期五

今天，福斯特小姐和史密斯先生又把我拉到一边说，如果我不承认偷了那个钱包，他们就要开除我。我不停地哭，因为没有人相信我，学校里没有，家里也没有。从早到晚，人们都用那样的目光看着我，似乎认定我就是贼。我没有偷过那个钱包，却受到冤枉和羞辱，只得把头低低地垂下来。我真想回到博默德里。那里的人都喜欢我，爱我。在那里，我从来没有受过这么大的冤枉。

7月3日　星期六

昨天晚上，我自己哭着哭着就睡着了。在这个家庭里，每个人对我都非常冷漠。我看见，索菲把她最喜欢的玩具娃娃和钱盒都拿去交给养母保管。她一定以为我会偷她那些东西。可是我没有偷，更不会偷家里的东西。谁会干那种事情呢？我不知道怎样做才能使他们相信我。

7月4日　星期日

人们依然认为我偷了福斯特小姐的钱包。去教堂的路上，养母、养父在汽车里说，为了让上帝宽恕我们在一周里做过的不应该做的事，我们应该向上帝祈祷。索菲和萨姆都看着我。索菲脸上现出为我难过的表情，可是萨姆，嘴角挂着一丝狞笑。

在教堂里，我祈求他们能够找到福斯特小姐的钱包，祈求那个钱包会从她的手提包里或者别的什么地方掉出来。那样的话，人们就知道我不是贼了。他们应该为自己在这段时间里那么卑鄙地对待我而道歉。

我心里非常难受，念了一段祈祷词，希望自己是白人。我想，假如我是白人，他们就不会赖我偷钱包了。他们冤枉我，就因为我是土著人。这儿的人都认为土著人道德败坏。但是，究竟什么是土著人呢？连我自己也说不太清楚。我以为土著人就是指皮肤颜色深的人。他们经常说，有土著人，还有白人。可是谁也没有告诉过我，土著人和白人到底有什么不同。他们只是说白人好，土著人肮脏、下贱、作恶多端，我们应该努力变成白人。可是要想做到这一点非常困难，因为有些土著人，比如，博默德里的一些孩子们，皮肤的颜色非常深。他们永远不会变成白人，连一丁点儿相似之处也不会有。我脑子里真是一片混乱。我不知道怎样才能变得更好。我只希望他们能像对待别人一样对待我。那样一来，他们就不会说我是偷钱包的人了。

7月5日　星期一

　　福斯特小姐的钱包还没有找到。我在学校别扭极了。谁也不理我。女孩子都用手挡着嘴说话，还像看贼一样地看着我。我不是贼。从早到晚我都想哭，但我只是坐在那儿，假装看书。连冬妮娅也不跟我在一起坐了。她一定也认为我拿了那个钱包。为什么没有人相信我呢？福斯特小姐在课堂上对我很刻薄。她问我的问题都很难。我说出正确答案的时候，她连一句表扬的话都不说。我知道，她现在恨我。

7月6日　星期二

　　养母和养父正在议论我。他们想把我撵走，因为他们不想要一个偷东西的女儿。我一直在哭。谁也不听我的话。我没拿那个钱包。我没有撒谎，也没有偷东西。他们为什么不相信我呢？不能让他们就这样把我送回土著儿童收养院。我不能就这样回去。这和我自己想回去是两码事儿。因为他们是把我当做贼送回去的。那太丢人了，是吧？唉，这种事为什么会落到我的头上呢？

7月7日　星期三

你可能无法相信会发生这样的事情。今天，约翰尼·琼斯的母亲竟然手里拿着福斯特小姐的钱包来到学校。原来，今天早晨她去叫醒约翰尼·琼斯的时候，在他的卧室里发现了那个钱包。他偷了钱包，却栽赃到我的头上。这次，福斯特小姐、史密斯先生和他的妈妈可该收拾他了吧。琼斯太太说，一个月之内不准他踢足球。可是，谁也没跟我说一句话，对于给我和养母、养父带来的麻烦，连一句"对不起"也没说。回家之后，我把约翰尼·琼斯偷钱包的事告诉了养母。养母淡淡地说，她本来就知道我不会干出那种卑鄙的事情。不过，她给我吃了一块特别大的巧克力蛋糕，外加一杯牛奶，算是款待吧。索菲不在家，自然也没能妒忌我。等她回家之后，我一定要告诉她，我吃了一块很大的蛋糕，气气她。

7月9日　星期五

因为福斯特小姐钱包被偷的事，上个星期简直糟糕透了。今天和多特见面，发现她心情非常不好。在商店看见她的时候，她眼泪汪汪的，还有点颤抖。她说，给沙利文家办事的时候，她在中央车站附近遇见一个土著男人。那人是从主人那儿逃出来的，名叫詹姆斯，以

前在金切拉土著男子收养院待过。后来离开收养院，被送到一家屠宰
场干活儿。屠宰场是人们为了吃肉专门杀牛的地方。这个人热爱动
物，不愿意杀牛，就逃到城里。他说，他在悉尼有亲人，打算找他
们。多特说，她为这个人担心。他让她想起哥哥诺埃尔。她已经好几
年没有见过哥哥了。这就是她心情不好的原因。

7月10日　星期六

今天，我花了很长时间给索菲卷发。我想让自己手里有活儿
干，这样心里会好受点。我惦念多特，希望她一切都好。

7月11日　星期日

海芙斯一家新成立的医院开业了。这家医院名叫玛格丽特·里
德整形外科医院，是一家专门为小儿麻痹症患者康复开办的私人医
院。小儿麻痹症会让儿童瘫痪。

参加完教堂的活动以后，我们开车经过那家医院。萨姆说，那
家医院才是我的去处，因为那里面住的都是有残疾的孩子，而我是
"土著佬"，残疾人。养父从汽车的前排座上举拳向他打去。就在养父

的拳头要打着他的时候,狡猾的萨姆突然低下头,躲了过去。养母对萨姆说,好人不说那种话。好人、坏人的话题又来了。萨姆是白人,照理说,他应该是好人,可是他说出这种非常狠毒的话,说明白人里也有坏人。我觉得,萨姆妒忌我,因为养母和养父现在有时候也会给我撑腰。

7月12日　星期一

今天,多特给我讲了一件很重要的事情。这件事和新南威尔士州怀拉德贾里部落有关。你知道,怀拉德贾里部落是全州最大的土著人部落,分布在新南威尔士西南部的许多地区。那个部落的人原本讲怀拉贾德里语。现在很少有人懂得这种语言了。因为白人来这里定居的时候,政府就制定法律,宣布土著人讲自己的语言就是犯罪。于是,每个人都得学习英语。你知道,英语就是他们从"第一舰队"的船上走下来时说的那种语言。

7月13日　星期二

今天,我去了合唱队,可是我不能把注意力完全集中在唱歌上。我想着昨天多特对我说过的那件事。我想，如果他们没有制定那种法律，我们也许能用怀拉德贾里语唱几首歌了，或者可以用过去居住在这里的库林盖部落的语言唱歌。土著人不能像白人那样住在自己想住的地方，也不能讲自己的语言，这听起来就不合理，合理吗？

7月16日　星期五

今天放学之后，我又和多特在商店里见面了。多特把买面包和牛奶的钱递给约翰逊先生时，她说："给你walany。"约翰逊先生笑了起来。他和多特相处得很好。我想，多特可能是他最满意的顾客。他不在乎她是土著人。多特告诉我，walany是怀拉德贾里语，是"钱"的意思。walany。我打算把这个字说给萨姆听。他不可能知道它的意思，或许以为我骂他呢！

7月18日　星期日

今天我在教堂惹了点儿麻烦。我忍不住笑个没完，索菲也跟着我笑。事情是这样的：领完圣餐，大伙传递盘子捐钱的时候，我对萨姆说："Walany！ Walany！"他皱起眉头，莫名其妙地看着我。索菲和我就笑了起来，因为我告诉过她这个词的意思。看着萨姆那副气急败坏的样子，我们俩越发咯咯咯地笑个不停。养母硬把索菲拖到养父那边，让她在那儿规规矩矩坐好。这样一来，就把我们俩隔开了。

7月20日　星期二

今天，我们合唱队演唱了迈克考梅克的歌曲《前进，美丽的澳大利亚》①。这首歌怪怪的。它的本意是让每一个人都为自己是澳大利亚人而骄傲，可是歌词的第一句却是："澳大利亚的儿子们，让我们尽情欢乐吧。"那女儿们呢？歌词里还有这样一句："我们的国家四周环海"。"环"是什么意思呢？

7月21日　星期三

今天吃早饭的时候，我问养母"环"是什么意思？她说是"围绕"的意思。澳大利亚被海洋围绕着。这就说通了。既然这样，为什么不用"围绕"代替"环"呢？

---

① 《前进，美丽的澳大利亚》：现在的澳大利亚国歌。但在 1937 年，这首歌并不是国歌，只是著名的爱国歌曲。

7月23日　星期五

　　自从上次见到多特，已经过去整整一个星期了。我急切地盼望能在学校里使用我学到的新词儿。下一次约翰尼·琼斯欺侮我的时候，我就可以用这个词对付他。这个单词是 gaja，意思是"滚开"或者"别"，约翰尼·琼斯绝对不知道它的意思。索菲和冬妮娅不会告诉他的，她们俩也烦透了这个家伙。要等到下星期一。那时候，他肯定会再次欺侮我。至少，我现在已经有了对付他的武器。

7月25日　星期日

　　今天去教堂，一路上养母都在笑。因为养父在议论总理约瑟夫·莱恩斯时，说莱恩斯滚圆的身材、长长的鼻子、稀疏得有点儿滑稽的金色头发，看起来像一只考拉。养母说养父说话尖酸刻薄，快变成一个不信仰基督的人了。养父说，其实他并不反对莱恩斯。因为莱恩斯和他一样，也是爱尔兰天主教教徒。听到这里，我就胡思乱想起来。我现在已经受洗，成了天主教教徒。如果他们打算让我真正成为伯克家的一员，是不是我也要成为爱尔兰天主教教徒呢？可我怎么可能是爱尔兰天主教教徒呢？多特说我是土著人，我就一定是土著天主教教徒，是吧？

7月26日　星期一

今天，约翰尼·琼斯果然管不住自己，又来找我的茬儿了。这一次，他说我生了虱子。可是我知道，我根本就没生。我的头发很干净，我一直是梳着辫子上学的。他开始大声唱起来："玛丽长了虱子，玛丽长了虱子！"别的孩子也都跟着唱起来。我只得转过身大声说："GAJA！"。

约翰尼·琼斯一动不动地站在那儿，骂我是个巫婆。我把那个字的意思告诉了冬妮娅。我们俩走到墙角那边，笑弯了腰。哦，真好玩。我真想快点儿见到多特，再学几个新词。

7月27日　星期二

依然练习《前进，美丽的澳大利亚》。我把"环"是什么意思告诉了埃莉奥特太太，她只是笑了笑。我想，我给乔伊也留下了深刻的印象。

7月30日　星期五

今天我见到了多特。她对我讲了发生在我住过的儿童收养院和别的收养院的一些非常不幸的事情。我对她说，我过去叫艾米·查尔斯。后来，一到博默德里，他们就把我的名字改成了玛丽·泰伦斯。多特用胳膊搂着我说，他们给我了改名字，我的父母就再也找不到我了。我不相信她的话。罗斯院长非常爱我。我是她最喜欢的孩子。她不会干出那种事儿。她知道我多么想见我的妈妈。

我哭了起来。我以为多特会后悔她跟我说这些话。可是她却说，我应该知道真实情况。她说，他们给许多孩子改了名字。这样一来，如果亲生父母给收养院写信，查问艾米·查尔斯的情况，收养院的人就会说："这里没有艾米·查尔斯。"因为我的新名字是玛丽·泰伦斯。

我脑子里一片混乱。为什么有人要干出这种事情呢？我还以为，我妈妈不来看我是因为她不再爱我了，或者是因为她经历了太多的苦难，像院长说的，像别的孩子的父母亲那样已经死了。现在我明白了，妈妈不来看我，是因为她以为我不在那儿了，甚至以为我死了。

这一切，我都无法理解。这样的事为什么发生在我和收养院那些孩子们的头上呢？为什么不发生在和我一起上学的这些孩子的头上呢？为什么不发生在索菲和萨姆头上呢？这种事情是谁决定的呢？多特认为是政府决定的。土著人没有选举权，只有白人才有选举权。而被政府送进收养院的人又不是白人。我虽然不理解这到底是怎么回事儿，但我知道这是不公平的。

我对养母说，身体不舒服，不吃晚饭了。其实，我不是身体不舒服，而是因为听了多特说的那些话，心里不舒服。

7月31日　星期六

对于他们为什么给我改名字，我依然不明白。以前，我从来没有多想过这件事。我以为这种事会发生在所有人的头上呢！

8月1日　星期日

哦，今天是马的生日。这是吃晚饭时养父说的。接着，他学了一声马叫，特别好玩儿。不知怎地，我想起家里人的生日，尤其是妈妈的生日。我又觉得经常想妈妈不太合适。因为，虽然一提到收养院和我的其他亲人，伯克夫妇就会生气，但总的来说，他们对我还不错。看外表，我和他们长得一点儿也不一样，但他们总说我们是一家人。当然萨姆对我很坏，远不像个亲哥哥的样子。

8月3日   星期三

今天在合唱队，埃莉奥特太太告诉我们在 2WS 广播电台举办唱歌比赛的消息。他们想物色一个最适合演唱《飞机果冻》的儿童歌手。我想参加比赛。我认为自己最适合唱那首歌。我已经学会了大部分歌词。埃莉奥特太太还给了我们一张歌片。这样我们就可以练习了。

8月4日   星期三

还在练习……"我喜欢飞机果冻，飞机果冻是我的最爱。"

8月5日   星期四

哦，有时候我觉得，从多特那里学到的知识比从学校里学到的还多，而且都很有用，也正是我想学的。今天，多特又教了我一个词儿，意思是"害怕"或者"惭愧"。这个词儿就是 giyal。我认为，约翰尼·琼斯应该 giyal（害怕并且惭愧）。我想，总有一天他会遭报应的。

8月7日　星期六

今天，我给养母和养父唱了《飞机果冻》那首歌。他们估计我会赢。

8月8日　星期日

今天在教堂里我为赢得比赛而祈祷。

8月9日　星期一

冬妮娅今天邀请我参加她十一岁的生日聚会。聚会将在星期六举行。养母说我可以参加。她还准备给我做一件参加聚会的新衣服。我得送给冬妮娅一件生日礼物。我对养母说，我想买一个日记本，送给她每天写日记。养母说，这是一个非常好的主意。

8月10日　星期二

评委很快就要听我们唱歌儿了。我们排练、演唱了那首歌儿——《飞机果冻》。只有五个孩子想去参加比赛，这对我更有利了。

8月11日　星期三

养母说，她花了整整一天的时间，给我缝制参加冬妮娅生日聚会的连衣裙。她说，冬妮娅家属于上流社会，我必须在外表和举止上都要表现出最令人满意的样子来。我的连衣裙是淡粉红色的，袖口和裙摆边都镶着玫瑰花图案。我还得穿上白色紧身衣和漂亮的黑皮鞋。我希望不要弄脏了它们。索菲没有得到新衣服，显得很不高兴。不过养母说，我去参加聚会的时候，他们将过一个更有意思的星期日。听起来还算公平，是吧？

8月12日　星期四

离冬妮娅的生日只有两个夜晚了。

8月13日　星期五

　　我打算早一点上床睡觉，因为明天要去参加冬妮娅的生日聚会。我非常激动，简直迫不及待了。聚会在冬妮娅家举行。我想，一定会有很多非常好吃的食物，不会是我们平常吃的那种蔬菜三明治。养父买回一个非常漂亮的紫皮日记本。养母帮我用褐色的包装纸包起来，还打了一个蝴蝶结。这件礼物看起来十分别致。

8月14日　星期六

　　这是我参加过的最好的生日聚会。冬妮娅家的房子非常大，比我们家的房子大多了。她家还有很大的院子，像座小牧场。我见到了冬妮娅的兄弟姐妹们和叔叔婶婶们，多得数也数不清。食物很丰盛，味道也很特别。记得约翰尼·琼斯以前说冬妮娅是"意大利面条迷"。今天我吃到了真正的意大利面条。我吃饭的时候小心翼翼，不让自己发出太大的声音，生怕把什么东西洒在我的新连衣裙上。人们都喜欢我的新连衣裙。养母给我做了这件衣服，我非常高兴。养母来接我回家时，我紧紧地拥抱了她。我觉得她喜欢我这样的拥抱。

8月17日   星期二

我们在合唱队里唱过很多真正的澳大利亚民歌。今天我们唱了班尼欧·彼德森和玛丽·科温的《背着行囊去流浪》。男孩子们必须大声唱合唱部分。合唱部分是这样的：

谁愿背着行囊去流浪，亲爱的？
谁愿和我一起背着行囊去流浪？
背着行囊，带着水袋，
谁愿和我一起去流浪？

唱到"亲爱的"三个字时，我看见乔伊在看我。莫非他喜欢我？

8月18日   星期三

养母今天进城去看几位朋友。放学以后，我和多特可以去本格罗公园玩上一会儿了。在公园里，我们看见一位妈妈带着一个非常招人喜欢的婴儿。婴儿躺在草坪上铺着的一块小地毯上，妈妈给她唱儿歌。我对多特说，过去在收养院，我们常常接收像这个婴儿一样大的小孩儿。多特一听就非常生气。她以前就听说过，白人到医院里，把土著人婴儿从母亲身边夺走的事。母亲再也见不到自己的孩子了。我对她说，罗斯院长说那些母亲都死了。多特说："胡说！为什么偏偏土著人母亲都死了呢？"这话说得没错，我在收养院的时候也这么想过。

我问多特，他们为什么要把那些婴儿从母亲身边夺走呢？多特说，她也不知道。不过，官员们总是对那些孩子们说，他们的父母亲已经死了，或者说他们根本没有父母亲，或者说他们的父母亲不想要他们了。其实母亲们一直在哭，盼望孩子回到身边。多特说："假如你有一个可爱的小女孩儿或者小男孩儿，有人从你身边夺走了他们，你难道不想再让他们回来吗？"我说，当然想。我曾经有个玩具娃娃，被人拿走后哭了好几天。你想，一个玩具还让我这样伤心，要真是自己身上掉下来的肉，一定痛不欲生。我想起他们从我身边带走玛伊时的情景，还有后来又从小约翰身边带走我时的场面。

和多特的谈话让我不由得想起，收养院里我最喜欢的小宝贝——小约翰是不是也是被白人从妈妈身边抢走的？我非常想念他，好像他就是我的孩子。当然，我年纪太小，不可能有自己的孩子。我还没有结婚。院长说，要想有自己的孩子，先得结婚。

8月20日　星期五

放学了。和多特见面之后，刚回到家。我想在还没有把这个词儿忘掉的时候，把它写下来。这个单词是 Muuji，"朋友"的意思。从现在起，我就管冬妮娅叫 Muuji。她是我真正的朋友。我知道，多特喜欢下午和我见面。她在这一带没有几个朋友。她还常常拥抱我，我很喜欢那样。

8月21日　星期六

明天是养母的生日，我打算给她写一首歌。明天我会把歌词告诉你。

8月22日　星期日

今天是养母的生日，我们在家里为她举办了一个生日聚会。参加聚会的有伯克全家、养母的妹妹琼和弟弟西德，还有他们的孩子。我给她做了一张生日贺卡，还给她写了一首她很喜欢的赞美她的歌。

养父送给她一本书，书名是《穿过天空的太阳》，是女作家埃莉诺·达克写的。养母非常高兴，因为那是一本刚出版的新书。平时，养母都是从图书馆借书，现在她有了一本自己的书。下面是我为养母写的歌：

最美丽的太太是养母，是养母。

她做的蛋糕最好吃，她泡的茶最好喝。

为了照顾养父她辛辛苦苦，

养父坐车她却高高兴兴步走。

她还照顾萨姆、索菲和我，

最美丽的太太是养母，是养母。

8月24日　星期二

又唱《背着行囊去流浪》。我向乔伊望去，想看看他唱到"亲爱的"三个字的时候有没有看我。他没看。男孩子真愚蠢。

8月28日　星期六

今天养母非常不安，因为报纸上有一条关于小儿麻痹症的重要新闻。小儿麻痹症是脊髓灰质炎的别称，许多澳大利亚儿童患上了这种可怕的疾病，尤其是在维多利亚州和塔斯马尼亚州。看到养母那么发愁，我和索菲也有点儿害怕。她担心如果我们也得上了这种病该怎么办？她知道，这种病会让人的胳膊和腿变得没有力量，有时还危害到人的肺。有些得了这种病的人只能靠一种叫做铁肺①的东西呼吸。铁肺这玩意儿非常奇特，它在身体外面，而我们的肺却在身体里面。它是怎样工作的呢？我深深地吸了一口气，紧紧抱住养母说，我们根本就没有得上那种病。我为那些装着铁肺的孩子们难过。他们站不起来，也不能散步。

8月29日　星期日

从教堂出来之后，我们去艾夫斯街展览场地参观农业展览。展览场地上有许多奶牛、猪、山羊，还有许多水果和蔬菜。展览期间还举办做蛋糕比赛。我认为，养母做的蛋糕是世界上最好吃的蛋糕，可是她没有拿来参加比赛。

8月31日　星期二

唉，今天合唱队唱的又是个男生歌曲，会让你觉得，澳大利亚人大概都是男人。不管怎么说，我们只能唱《羊毛剪子咔咔响》。歌

---

① 铁肺：人工呼吸器。一个气密的金属容器，罩住除头部外的身体其余部分，通过气压的规律变化来强迫肺呼入和呼出空气。

词都是些稀奇古怪的词儿。男孩子们都很喜欢这首歌，就连乔伊也喜欢。不过，我已经不在意他了。

9月2日　星期四

总是对养母撒谎是件很困难的事。话说回来，如果她允许我和多特说话，我就用不着对她撒谎了，是吧？规定一个人可以和谁说话，不能和谁说话本来就不对，你不这么认为吗？我知道养母和养父是为我担心，但是多特不是坏人。她在一个富有的白人家庭里工作，穿着很漂亮的衣服，很有礼貌，非常聪明。她还读过许多书，今天她就拿着一本土著人写的书。她说，这是出版过的唯一一本土著人写的书。她拿的这本书，是一位在墨尔本书店里工作的朋友送给她的，书名叫《土著传说》，是一个名叫戴维·阿内蓬的人1929年写的。哦，那是八年前的事。从那时起，就再也没有土著人写过书了。多特说，大多数人认为土著人很笨，只有白人才能写关于他们的书。可是，土著人也应该写书。我觉得只有这样才合理。比如，要想写我的故事，只有自己动手。别人怎么能知道我脑子里的想法、心里的感受呢？多特说，你只有穿着别人的鞋，走别人走过的路，才能真正知道他们的生活。我说，我的脚很小，谁能穿着我的鞋，走我走过的路呢？多特笑了起来，摸了摸我的头没有再说什么。

9月3日　星期五

下星期一学校要开运动会，今天我们进行了比赛练习。我们练习绑腿赛跑。这种赛跑很难，把两个人的腿绑在一起跑，会经常跌倒。冬妮娅笑个不停。她没有我跑得快，但她是我唯一的好朋友，我只能和她绑在一起跑。我说，等到周末，我和索菲一起练习。冬妮娅可以找她的兄弟或者表兄弟一起练习。

9月4日　星期六

今天，晴朗暖和，我们可以在外边练习运动会的比赛项目。索菲和我用了一整天的时间练习绑腿比赛，直到我没了耐心。她的腿比我的腿短，跑得也慢。她不停地抱怨绑在膝盖上的破布磨得膝盖生疼。有时候她非常娇气。

9月5日　星期日

今天做弥撒的时候，我祈祷明天的比赛能赢。那时候，约翰尼·琼斯就会把他那张臭嘴闭上。

9月6日　星期一

或许你不会相信，我得了个人赛跑和接力比赛两项冠军。人们都拍着我的肩膀说："真棒，玛丽！"连史密斯先生和福斯特小姐也走过来夸我。我跑得快，受欢迎。如果你在体育运动这样的事情上表现出色，人们就会忘记你和他们的不同。我不明白。难道我必须每一天、在每一件事情上都表现出色，人们才会对我那么好吗？我希望答案不是那样。我认为那太难做到了。谁能每一天、在每一件事情上都表现出色呢？哦，萨姆也许说他能（那可是错上加错）！

9月7日　星期二

今天我没去合唱队。从昨天起，我的腿就有点酸痛。人们还在议论我比赛获胜的事，对我的腿有多么痛却并不十分在意。

9月8日　星期三

冬妮娅说，今天是圣母玛利亚降生的日子，就是圣母玛利亚的生日。冬妮娅一家都是虔诚的教徒，因为教皇就在意大利的罗马。冬妮娅所有的亲人都从那儿来。听说玛利亚是处女。我不明白什么是处女。冬妮娅也不知道。回家之后，我就去问养母。养母听了，脸上的表情变得很不自然，支支吾吾地说，她很忙，没工夫给我解释，以后有时间会告诉我。不知道，是不是我也应该被称呼为"圣母玛利亚"，因为我的名字也是玛丽①。

9月9日　星期四

今天，阳光灿烂，花儿开了，鸟儿在歌唱。我说，我喜欢阳光照在脸上的那种感觉。多特说，我应该说 yirra。yirra 在怀拉德贾里语中是"阳光"的意思。哦，yirra，我喜欢这个词儿。

9月11日　星期六

像往常一样，今天我给索菲卷了头发。她看起来非常漂亮，对我自然十分满意。我现在给她卷发不是被迫的，而是发自内心的，因为索菲和我已经变得更像真正的姐妹了。

---

① 玛利亚和玛丽在英语中都是 Mary，故有此说。

9月13日　星期一

今天，我又给索菲卷了头发。她说，如果我给她卷发，她就让我玩她的小手鼓，还让我读她的几本书。我觉得这很公平。这让我想起在博默德里给小姑娘们梳头的那段时光，心里觉得非常难过，因为我一直想念那里的每一个人。

9月14日　星期二

想想看，又一个男孩儿唱的歌儿。这次是《我们的唐·布拉德曼》。唐·布拉德曼是澳大利亚著名的橄榄球明星。

9月15日　星期三

我知道，约翰尼·琼斯这个家伙肚子里存不住话。今天在课堂上，我做出了一道很难的算术题。福斯特小姐为我感到非常骄傲。我心中暗想，再也没有谁能在黑板上为她算出那道算术题了。可是，我刚要坐下的时候，约翰尼·琼斯就横眉立眼地盯着我说："你会做那道算术题说明不了什么。不要忘记你是从哪儿来的。你是从孤儿院来

的一个没有父母亲的土著佬。也就是说，你狗屁不是。"这番话深深
地刺痛了我。我还以为自己在学校里表现出色，就不会被人小看了。
他觉得自己很了不起，因为他爸爸是个医生。艾夫斯街公立小学的孩
子们都找他爸爸看病。大多数老师也去他的诊所看病。我宁死也不去
找约翰尼·琼斯的爸爸看病。我有骨气，我并不是一无所有！

9月16日   星期四

今天吃早饭时，我把约翰尼·琼斯昨天说的话告诉了养母。我
不喜欢总是对别人诉苦，可是约翰尼·琼斯的话让我非常生气，深深
地伤害了我的感情。养母说，因为那不是一所基督教教会学校，约翰
尼·琼斯也不是一个招人喜欢的孩子——好像我不知道他是个什么玩
意儿！养父说，等到索菲和我上中学的时候，我们就可以坐专用的校
车，去皮姆布尔的天主教教会中学上学了。艾夫斯街没有这种学校。
养母希望我们一定要上女子学校。我喜欢那种学校。那儿没有约翰
尼·琼斯这样下流的学生。你知道，我深深地体会到，收养院没有人
欺侮弱者。可是在这里，因为我是唯一和别人不一样的孩子，就处处
受人欺负。

9月17日　星期五

今天，学校里钢钻声和铁锤声响成一片，非常刺耳。听不清福斯特小姐讲课的声音。他们正在修建新的教室，会有更多的座位了。

9月18日　星期六

我给养父唱了《我们的唐·布拉德曼》。他很喜欢听。他和朋友们喝啤酒时，也让我给他们唱了那首歌。大伙儿给我鼓掌，还想让我教他们唱。

9月19日　星期日

今天教堂举行野餐，所有的家庭都参加了。野餐时，有许多有趣的活动。养母和养父玩得都很开心。我也玩得很开心。我们玩用线把苹果吊起来，然后用嘴去吃的游戏。以前，我从来没有玩过这种游戏。一根长长的绳子上吊着许多苹果，孩子们都站在绳子下面，想方设法吃到苹果，但不能用手帮忙。吃吊着的苹果很难，因为你得想办法让苹果停在嘴巴前面，然后再去咬它。我笑个不停。每一个人看起来都那么滑稽。有个男孩赢了，把整个苹果都吃掉了。我想，他以前一定玩过这种游戏。

下一个节目是男子拔河比赛。皮姆布尔、戈登、罗斯维尔以及艾夫斯街的男人站在一边，瓦伦佳、林德菲尔德、基雷拉和维特拉街的男人站在另外一边。两边人数相等之后，他们就开始比赛。男人们都卷起袖子，齐心协力，一边皱着眉头，一边喊着号子。他们用脚使劲蹬住地面，大约过了五分多钟，拔河比赛结束了。养父他们那一队获胜了，谢天谢地，因为你也知道，他喜欢在体育比赛中获胜。

男子拔河比赛不算是最精彩的。他们还举行了女子拔河比赛，连我养母也参加了。养母这样一位太太，看起来不像是能参加拔河比赛的人。在那群人里，我是唯一一个褐色皮肤的孩子，和别人不一样，是吧？但是，没有一个人对我说三道四，这是让我心里很舒服的一天。

接下去还有赛跑。养父把鞋脱掉，参加比赛，得了个第二名。回家的路上他说，得第一名的那个人犯规了，不等起跑的枪声响起，就开始跑了。索菲和我滴溜滴溜地转着眼睛，一边笑，一边会心地互相看了一眼。我们知道，养父一向争强好胜，有点儿喜欢卖弄。养母认为，男人都喜欢卖弄，想给自己的女人留下一个好印象。

有的人还带着拍电影用的摄像机。我不知道摄像机拍摄的是谁，也不知道以后我们是不是能看到它。我希望能看到。

9月20日　星期一

福斯特小姐生病了，我们只好和四年级合到一起，在亚斯特先生的班里上课。这样一来，索菲就和我坐到一个教室里了。上体育课的时候，老师又组织了比赛。有个人赛，也有接力赛。同学们都想把我分到他们组里，因为上次运动会上我跑得最快。我第一次感觉到受欢迎的滋味。可是，约翰尼·琼斯把我这种美好的感觉打破了。他说："土著人因为追捕袋鼠做晚餐，才跑得快。"同学们哄堂大笑。我愤怒极了，又一次感到耻辱。我一定要打败约翰尼·琼斯他们那个队。我是全班跑得最快的人，但是我从来没想过什么袋鼠。

9月21日　星期二

因为昨天拼命地跑，直到今天还觉得很累。去合唱队的时候，我觉得连嗓子也累得唱不好歌儿了。我甚至连看看乔伊在做什么的心思也没有了。

9月25日　星期六

今天，养父和他的同伴们听收音机直播足球比赛时，家里真是热闹非凡。那是维多利亚足球联盟（养父叫它 VFL）和季隆①队争夺考林伍德杯的一场决赛。实际上，那是人家维多利亚州人的一场比赛，但养父仍然激动不已。他非常喜欢各种体育比赛，尤其是新南威尔士的英式橄榄球赛。

整个比赛期间，男人们又是喝彩，又是在空中挥舞拳头。养母只是摇着头，不停地叹息。养父一定支持季隆队。后来，季隆队取得了胜利。比赛结束后，我看见好几个男人给养父钱。养父摩拳擦掌，说："伙计们，我很快就会再赢你们的。"

9月27日　星期一

今天，有人把一种新饮料带到学校。这种饮料叫可口可乐。我没尝过，听说是从美国传过来的一种非常特别的饮料，深褐色，里面还有气泡。约翰尼·琼斯说他以前喝过。可是我估计他在撒谎。冬妮娅说，她要让爸爸、妈妈给她买一瓶。如果能买到，她要和我一起品

---

①　季隆：澳大利亚东南部一城市，位于墨尔本西南部，是一个制造业中心，旅游业繁荣。

尝。如果玛伊有这种饮料，她肯定会和我一起分享。我真想她。

9月28日　星期二

今天有人来合唱队，听我们唱果冻广告那首歌。想要参加比赛的人必须唱，全队的人都留下来听，表示对参赛者的支持。太好了。我觉得我唱得不错。我渴望赢。

10月2日　星期六

晚上我们围坐在收音机旁，收听广播剧《爸爸和戴夫》。那是一个关于澳大利亚农村生活的节目，养母和养父都喜欢听。我们都坐在那儿，还唱《通往冈德基之路》。我和索菲都咯咯咯地笑。我们觉得那首歌很可笑。我声音洪亮，因为我有一副金嗓子。

10月3日　星期日

今天，汽车发动不起来，哪儿也去不了。全家人不得不围坐

在收音机旁，收听澳大利亚广播电台的广播。养父把这个电台叫
ABC。我们收听收音机广播的教堂礼拜仪式。我不知道它是从哪里传
来的，有点坐不住，也不认真听。这个节目一点儿也不像收听《爸爸
和戴夫》那么好玩。星期日，穿着最好的衣服，围坐在收音机旁听广
播，看起来一定很可笑。

10月5日　　星期二

　　唉，我很难过，也很恼火。为了那场唱歌比赛，我练习得那么
苦，埃莉奥特太太却告诉我，一个名叫乔伊·金的女孩儿获得了比赛
的胜利。果冻商打算在无线电商业广告中采用她演唱的歌曲。我认
为很不公平。我觉得应该是我赢。埃莉奥特太太淡淡地说："下一次
吧。"我再也不吃那种果冻了。

10月6日　　星期三

　　约翰尼·琼斯听说我没有在唱歌比赛中获胜，就开始嘲弄我。
他知道我多么想赢得那场比赛。他说："怎么能让一个土著佬赢得比
赛呢？土著佬不吃果冻，他们吃蛆。"我非常生气，跑到厕所，哭了

起来。冬妮娅跟在我身后，紧紧地拥抱了我一下，说："约翰尼·琼斯是个傻瓜。"这才让我开心了一点。

10月10日　星期日

今天在教堂，弗兰克神父批评有的人思想很不纯洁。我以为他又要指责土著人了。但是，没有。他批评的是墨尔本一位名叫诺曼·林赛的画家。这个画家画妇女的裸体画，也就是画不穿衣服的妇女。神父说，这是把妇女当成男人的玩物，是不对的。我认为，神父那么说，是因为他不能娶妻子，更不用说欣赏裸体妇女画了。

10月14日　星期四

今天上了几节舞蹈课。我们学习了"谷仓舞"和"骄傲的爱尔兰人舞"，还学习了一种叫"朗伯斯慢步舞"的集体舞。轮到我和约翰尼·琼斯拉手时，我没有拉他的手。他有病菌！

10月15日　星期五

今天在商店里和多特见面的时候，我给她表演了昨天我学会的舞步。我们开心地笑了起来。步行回家的时候，多特告诉我，土著人也有舞蹈和音乐，叫做歌舞会①。和丛林歌剧差不多，通过唱歌和跳舞讲故事。她估计，悉尼最早有记录的歌舞会是在贝内隆岬举行的。土著人在歌舞中表演的舞蹈和歌曲，都有故事情节，一般是讲打猎、战斗和人与人之间关系的故事。土著人的音乐是通过唱歌和男人吹狄杰里多木号②、女子敲击拍板创作出来的。我希望有一天能看一看歌舞会，向他们学习跳舞。可惜的是，多特不知道现在什么地方才有歌舞会表演。因为就像不许土著人使用自己的语言一样，政府也不允许土著人跳自己的舞蹈了。

10月16日　星期六

我对多特给我讲的土著人的舞蹈很感兴趣。我想知道那种舞蹈看起来是什么样的，那种音乐听起来是什么样的。不知道爸爸、妈妈

---

① 歌舞会：澳大利亚土著人的一种舞蹈节，在晚上召开以庆祝部落胜利或其他事件。
② 狄杰里多木号：澳大利亚土著人的一种乐器，由一条空心树枝或棒子构成，吹入空气时会产生低音。

会不会跳那种舞蹈。

10月19日　星期二

　　因为埃莉奥特太太生病了，今天合唱队不练习，我就去了商店。说不定多特在那儿买东西。她果然在那儿。我们散了一会儿步。多特告诉我，有一个名叫威廉·库珀的土著人，为了争取土著人在议会里得到一个席位，已经在整个澳大利亚征集到一千八百一十四个土著人的签名。他想把那张有那么多人签名的纸送交国王，但政府不允许。多特说，人们在一张纸上签名表达共同的心愿叫请愿。可以想象，那是一两千个朋友共同的心声。有那么多朋友的库珀先生，一定是个非常好的人。我也试着写出一个我认识的人的名单，但我的"请愿书"上肯定不会有很多名字。

10月20日　星期三

　　今天，我在学校发动了一个赶走约翰尼·琼斯的"请愿"活动。在"请愿书"上签名的已经有我、索菲、冬妮娅，还有索菲的几个朋友，因为约翰尼·琼斯也欺侮她们。可是，要想像库珀先生那样征集到两千个签名，恐怕是非常困难的。

10月23日　星期六

今天，收音机和报纸上都有一条重要新闻：日本人入侵中国，澳大利亚联邦的人民要求政府中止对日贸易，惩罚日本人。养父说，我们应该中止对日贸易，"教训教训那些日本鬼子"！养母却说，不应该把日本人叫做"日本鬼子"，那样做就很不像一个基督教徒了。萨姆重复了养父说过的话，养母大发脾气，说："真是有什么样的爸爸就有什么样的儿子。难怪一个男孩子会当着妹妹们的面说出这种难听的话！"我估计，吃晚饭时养母和养父不可能说话了。

10月24日　星期日

今天，做弥撒以后，养父开车带我们去瓦伦佳的疗养院，看望养母的几位朋友。那儿有一个很大的公园，许多人正在开心地玩。孩子们互相追赶着玩游戏，女人们坐在那儿织毛衣（快夏天了，不知道她们为什么还要织毛衣）。有一个管弦乐队正在演奏，好像游行一样。他们还端出牛奶让人们喝。

我很喜欢这个公园。它非常大，碧绿的草地，一棵棵小树。可惜，那儿没有一个土著儿童，也没有他们的亲人。为什么没有土著人呢？真是怪事。

10月26日　星期二

今天在合唱队，我们唱了一首歌，歌名是《植物湾》①。这是英国人刚来澳大利亚时经常唱的一首歌。这首歌的迭句②很可笑，听起来让人觉得来这儿的人都是囚犯，都是坏人。可他们都是白人呀！对吧？这么说，白人也可能有坏人。没错儿。不过，我挺喜欢这首歌：

歌声在海浪间飘荡，

在海浪间飘荡，

歌声在海浪间飘荡，

我们驶向植物湾，乘风破浪。

---

① 植物湾：塔斯曼海的一个海湾，位于悉尼南部，澳大利亚东南部。1770年詹姆斯·库克船长曾抵达此地，船队中的植物学家约瑟夫·班克斯伯爵在海岸上发现大量奇异的植物群落，而将它命为此名。

② 迭句：由全体成员表演的流行歌曲开场白的重复部分。

10月29日　星期五

今天放学之后，我在商店和多特见面，然后她陪我一起往我住的那条大街走去。她给我和索菲每人一块糖。我们高高兴兴地吃着。我对多特说，这儿什么都比收养院好。你也知道，我说得没错儿：漂亮的衣服和鞋、好吃的食物，而且用不着干太多的杂活儿。多特盯着我说："可是你感受到爱了吗？"我不知道说什么才好。我觉得伯克夫妇很关心我，但不知道他们是不是像我亲生父母那样爱我。晚上，我觉得有点难过。多特的话也许是对的。爱和亲人，比鞋和糖果更重要。可我为什么不能两样都有呢？索菲、萨姆和别的孩子就两样都有。

10月30日　星期六

今天，养父领着萨姆去钓鱼。养母、索菲和我都焦急地等待他们回家。我们可以享受一顿美味可口的晚餐。鱼、沙拉，再加上养母自己做的面包。男子汉们回来了。可是，当他们把鱼拿出来的时候，我们看到的却是用包装纸包裹着的死鱼。我们三位女士互相看了一眼，心里明白，鱼是他们从商店里买的，所以才用包装纸包着。他们太尴尬了，实在不好意思说连一条鱼也没有钓到。养母对我和索菲眨了眨眼。我们明白她的意思：什么话也不要说！养父如果察觉到我们知道他连一条鱼也没有钓到，会觉得非常没有面子。我很想说，我爸爸经常带着从河里钓到的鱼回家。他买不起鱼，就捕鱼给我们做晚餐吃。但是，我没有说出来。那会使养父觉得丢人，还可能使他生气，因为我不能再提起我的土著亲人。

11月2日　星期二

你不会相信今天下午我们在学校里做了什么事情。我们收听了一场重要的赛马比赛的实况转播。那场比赛叫墨尔本杯赛。比赛是在墨尔本的弗莱明赛马场进行的。从1861年以来，每年都要举行一次。以前我从来没有听说过，因为在收养院里我们没有收听过无线电广播。当然，约翰尼·琼斯又说了几句风凉话。我没理睬他，我知道，大多数孩子都很讨厌他。福斯特小姐说，为了这场赛马比赛，太太们都要打扮得漂漂亮亮，还要戴上帽子。今天，有的老师帽子上还插着花儿。人们可以押钱，赌哪一匹马赢。我估计养父可能赢了点儿钱，因为今天既不是星期六，也不是星期日，可他晚上回家的时候却带回几瓶啤酒，而且心情很好。赢得比赛的那匹马叫"大王"。

11月8日   星期一

今天，学校新建的校区举行了揭幕典礼。新校区很大。你再看看那些新教室，也很大。操场上建了一个看台，上面有许多排崭新的椅子，看台前还有一根新旗杆。以前，没有旗杆，举行什么仪式的时候，史密斯先生就让两个年纪大一点的男孩子举起旗子，站在众人面前，好让大家都看得见。学校还有二层高的楼房，是这个地区最大的建筑物之一。约翰尼·琼斯说，澳大利亚总督高瑞勋爵要来讲话。但是，他根本没来。只有史密斯先生讲了话，然后大家鼓掌，欢呼。

11月9日   星期六

今天，我们开始为圣诞庆典做准备。合唱队学唱《宁静的夜晚》。我很喜欢这首圣歌。

11月11日   星期四   第一次世界大战停战纪念日

今天上午 11 点钟的时候，我们大家都静默一分钟，纪念协约国①与德国签署停止第一次世界大战的协议。协议被称为"停战协定",就是双方讨论如何完全停战、实现和平的协议。协议是 1918 年 11 月 11 日上午 11 点在法国签署的。

11月12日　星期五

我已经很久没有看见多特了。不知道她在干什么。希望她没有生我的气,更希望她没有发生什么意外。她也许去度假了,可是她从来没跟我说过有假期的事呀。

11月16日　星期二

为了圣诞庆典,今天我们练习《来吧,所有信徒》。

---

① 协约国:在第一次世界大战期间与欧洲同盟国对抗的结盟国家,有沙皇俄国、法国、英国,以及后来加入的美国等其他很多国家。

11月17日　　星期三

　　记得刚到艾夫斯街的时候，福斯特小姐说，土著民族是一个垂死的民族。那时候，我不懂得那是什么意思。哦，今天的报纸上就有一篇讲述这个问题的文章。墨尔本大学的伍德·琼斯教授认为，垂死民族的说法是"白人一向用来粉饰对土著民族实行灭绝的一派胡言"，我不太懂这句话的意思，但伍德·琼斯教授断言："直到我们开始使他们绝灭的时候，土著民族才变成了一个逐渐被绝灭的民族。"他接着写道，从英格兰出发的舰队第一次抵达这里的时候，这里差不多有三十万土著人，而现在大约只有六万了。我觉得这是一个很可怕的数字。我希望我的亲人们不在那些大批死去的人里。

11月18日　　星期四

　　今天我们吃上香蕉了。多么令人高兴啊！香蕉是养母从约翰逊先生的商店里买的。他很少卖这种东西。因为香蕉从海岸那边运来的时候，就快腐烂了。约翰逊先生认为，香蕉运到悉尼的路上需要冷藏。但他们没有冷藏的设备，只能偶尔进一批货。香蕉真甜，我爱吃香蕉，爱吃香蕉！吃香蕉的时候，萨姆说我看起来像只猴子。他又说："土著佬就是猴子变的。"他还说，我们的皮肤是褐色的，就因

为我们是猴子变的。这是一件令我十分扫兴的事。他的看法让我有点
儿害怕。

11月19日　星期五

今天养母给我一根香蕉，我没要。我不想让萨姆胡说八道。那
时我心里很矛盾，因为我又很想要那根香蕉。

11月20日　星期六

养父的生日在下个星期。养母领着我、索菲和萨姆，去城里的
商店买生日礼物。我们去了安东尼·赫尔登斯商店。那儿的人真多，
让人难以忍受。我很想回家。养母替我和索菲买了一本书，作为送给
养父的生日礼物。这本书是海伦·辛普森写的《摩羯座之下》。萨姆
打算送给养父一双短袜。他不会为买什么东西去花费心思。养母准备
送给养父一顶他一定会喜欢的帽子。

11月21日   星期日

今天在教堂里，大家都在议论报纸上刊登的一条消息。消息说，有一个名叫哈伯特·奥帕曼的人，骑自行车横穿澳大利亚，从弗里蒙特尔到达悉尼。他只用了十八天零十八个小时的时间，就骑完了两千七百五十一英里的路程。哦，他一定长着两条非常有力气的腿，是吧？一定蹬得非常快。我不可能蹬得那么快。趁萨姆不在家，我骑上他的自行车，用最快的速度围绕着各街区转。《时代报》报道说，有好几次，那个人因为睡着了而从自行车上摔下来。毫不奇怪。他一定是想躺下来睡上一觉。昨天深夜，乔治大街两边和邮政总局附近都挤满了人，观看他到达悉尼的壮举。

11月22日   星期一

今天，我去商店找多特，她又没去。我不知道她在什么地方。我希望她一切顺利。凡是我喜欢的人，好像个个都要和我分开，不是他们被人带走，就是我被打发走。这就是我的命运吗？

11月23日　星期二

哦，今天练习的那首圣诞颂歌很难唱。我们唱的是《圣温彻拉斯①之歌》。温—彻—拉斯，就连说起来都拗口，合唱就更难了。在圣诞庆典之前，我必须多练才行。

11月24日　星期三

今天是养父的生日。我不知道他多大年纪，但一定不小了，我估计得三十多岁了。为了这个特别的日子，养母给他做了巴甫洛娃饼。养父非常喜欢。巴甫洛娃饼是一种上面覆盖着许多奶油、草莓以及西番莲子的蛋白甜饼。养母一边做，一边告诉我们，这种饼的名字，是按照著名的芭蕾舞女演员安娜·巴甫洛娃②的名字起的。她在20世纪20年代来到澳大利亚。一位西澳大利亚的男子非常喜欢她，发明了这种甜饼表达对她的敬意。

萨姆真是一个不知好歹的家伙。他竟然不愿吃养母做的巴甫洛娃饼，想吃彼得斯冰淇淋。养母给他吃了冰淇淋，她不想在养父过生

---

① 圣温彻拉斯：波希米亚公爵，他鼓励基督教化，被其兄弟博列斯拉夫杀害。人们普遍将他与圣诞节节期联系在一起，他是波希米亚的守护神。
② 安娜·巴甫洛娃（1881—1931）：俄国芭蕾舞女演员，因独舞《天鹅之死》而闻名。

日时让养父扫兴。萨姆有时候真的很不懂事儿。

11月28日　星期日

今天我们当然要去教堂了。这是降临节①前的第一个星期日。我不明白这是个什么节日，但在教堂里，这是特殊的一天。

11月29日　星期一

今天，学校开始为圣诞节演出进行排练。我想参加排练，想唱《宁静的夜晚》和别的圣诞颂歌。我还想扮演圣母玛利亚，因为我的名字叫玛丽嘛。可是真让人恼火！埃莉奥特太太说，我不能扮演玛利亚，因为玛利亚是耶稣的母亲，是白人，而我不是白人。我说，也许玛利亚是因为得不到充足的阳光，才没有把皮肤晒成棕褐色的。埃莉奥特太太非常、非常生气，说我太放肆了，根本不应该在剧里担任角色。我听了只好闭上嘴。后来，她让我扮演一名天使。既然她没有不让我在剧里扮演角色，我也就没去问她，到底有没有

---

① 降临节：从圣诞节前第四个星期日开始的一段时间，许多基督教徒在此期间祈祷、斋戒及忏悔以迎接圣诞节的到来。

棕褐色皮肤的天使了。冬妮娅扮演玛利亚，我为她感到高兴。可是约翰尼·琼斯却捂着嘴说，冬妮娅是个"wog"（外国佬），不应该扮演玛利亚。他想扮演圣约瑟①。谢天谢天，福斯特小姐挑选了另外一个人。约翰尼·琼斯连三个智者中的一个都没有演上。他只能扮演驴，我禁不住哈哈大笑。

11月30日　星期二

还是练习演唱《圣温彻拉斯之歌》。

12月2日　星期四

今天，冬妮娅和我说起为什么有人叫她 wog②的事。我们俩想弄明白 wog 是什么意思。我们想，wog 是 Well Organised Girl 的缩写，意思是"有条有理的姑娘"。她说，既然这样，她很高兴人家叫她 wog，因为她比别的姑娘更出色。冬妮娅猜想，ABO③一定是指"A

---

① 圣约瑟：《圣经·新约》中耶稣母亲玛利亚的丈夫。
② Wog：对有色人种的蔑称，尤指从中东或亚洲来的外国人。
③ ABO：对澳大利亚土著人的贬义称呼。

Beautiful Ornament"，意思是"美丽的、增光添彩的人"。她怎么解释我都不在乎，但我知道，约翰尼·琼斯说我是"ABO"的时候，绝对不是冬妮娅猜想的这个意思。

12月4日　星期六

今天，我们去了码头的海摩凯特集市。还要开车过港湾大桥，那是令人激动的时刻。集市上散发着各种气味。那里有各种各样的食品。有鱼和鸡——活鸡，用报纸包着，只让鸡头从上方伸出来，还有兔子。不知道养母是怎么想的，因为她有一件兔皮大衣。那里有水果和蔬菜，还有从很远的玛鲁比贝运来的香蕉。香蕉闻起来很诱人，我很想吃，但不愿开口要，怕那个人说风凉话。集市上几乎没有马和马车，许多汽车停放在市场建筑旁边。

养母和养父发生了小小的争论。表面上看，人们对水果业的发展做了许多研究。可是研究报告从来没有提到，妇女在水果采摘、分等和包装等过程中所起的重要作用。养父说这无所谓，养母却十分生气，说他根本不重视妇女。我不太明白那话的意思，但听养母说话的口气，我觉得养父不把女人当回事儿。这很奇怪，他既然把女人娶回家，为什么又不把女人当回事呢？

我没有问研究报告有没有说到土著人采摘大量水果的问题。我知道土著人干这种活儿。多特对我说过，说不定哪天，她会和杨城的土著人一起，去采摘樱桃。哦，她也许去那个地方了。我希望很快见到她。

12月5日　星期日

今天的弥撒仪式以后，我们又去了曼利海滩。阳光明媚。我们都去游泳——哦，养母不想游。她说，她的皮肤太白，不能晒太阳。我喜欢到处飞溅的浪花。索菲和我堆起了一座很大的沙堡。我们在那儿玩了很久。养母说，我不应该在阳光下晒太多时间，晒久了，我会变得很黑。她不希望那样。我问她为什么。她说："如果皮肤变得太黑，亲爱的，你的生活将会非常艰辛。"可是，我没有弄懂那话的意思。就因为我的皮肤比索菲、萨姆、养母更黑，我的生活就会更艰辛吗？

回家之后，我听见养母对养父说，今天我看起来像个真正的土著人，因为我已经变得很黑，所以，不能再晒太阳了。我不理解养母的话。今天所有躺在沙滩上的那些人，都想使皮肤变成像我这样的棕褐色，好像他们努力要变成一个黑人似的。我不知道，他们变得越黑，他们的生活是不是也就越艰辛？我一点儿也弄不懂肤色这种事了。你只是本日记，而不是一个人，你真幸运。

12月6日   星期一

今天在学校里，约翰尼·琼斯叫我"土著佬"和"土著人"。他还对我说，我应该带上长矛和回飞镖，回到自己人中间去。他指着我褐色的手臂说："你就是个土著人。"养母说得对！你的肤色越黑，你的生活就越艰难。约翰尼·琼斯今天更恶毒，因为昨天我去了海滩，皮肤晒得更黑了。哦，看样子，我真应该在一段时间内不晒太阳。那样的话，在学校里也许就不会那么难堪了。

12月7日   星期二

今天我试着坐在阴凉处。可是，冬妮娅偏要缠着我，和她一起去太阳下玩耍。因为天气晴朗，很适合晒太阳。我觉得，她生我的气了，但我实在不好意思告诉她为什么。

12月8日   星期三

今天，冬妮娅和别的女孩子玩耍去了，因为我不能陪她在阳光下嬉戏。我觉得她再也不愿意做我的朋友了。看来，如果我的皮肤是黑色的，我就不可能有朋友。我输定了。我恨学校，恨使人们对我粗野无礼的肤色。

12月9日　星期四

我给冬妮娅写了一个字条，说了我不能坐在太阳下的原因。上课时，我把字条递给她。中午，她又和我坐在一起，对字条的事，连一句话也没说。她真是我的好朋友，是吧？

12月10日　星期五

今天，索菲和我搞了一次恶作剧。我们收集了一些食根虫，然后把它们放在门外萨姆的鞋里。他没看见食根虫，就把脚伸进鞋里。一听见鞋里响起嘎吱嘎吱的声音，就吓得尖叫起来。甲虫真可怜，可是萨姆那副既生气又尴尬的样子，更让人觉得好玩儿。他那副样子像个小男孩儿，不，更像小女孩儿。我和索菲藏在后院里，他没有看见我们在嘲笑他。

12月11日　星期六

今天吃晚饭的时候，索菲问我今年看见过食根虫没有。我说：
"看见过。食根虫看起来非常可笑，它们穿着一双非常大的鞋！"哈
哈！我们俩捧腹大笑。萨姆站起来，怒气冲冲地离开了。养母、养父
不明白发生了什么事，可是看见我们笑得那么厉害，他们也跟着笑起
来。报复萨姆让我们感到十分开心，谁让他经常捉弄我，还揪索菲的
头发呢？

12月12日　星期日

在从家里去教堂和从教堂返回家里的路上，索菲、养母和我在
汽车里一直唱着《圣诞节的十二天》和《一只鹧鸪落在梨树上》。

12月13日　星期一

今天，我们陪着养母去邮局，给她在墨尔本的亲戚寄圣诞贺
卡。她说，今年第一次有了圣诞节纪念邮票。不过，邮票是在奥地利
设计的。奥地利是地球另一边，紧挨德国的一个小国家。她不能买奥

地利那种纪念邮票用，她必须贴澳大利亚邮票。不过她说，澳大利亚明年可能也要发行圣诞纪念邮票，那会使信封看起来更漂亮。

12月14日　星期二

今天，我们学唱《我们的三个国王》。还是赞美男人的歌，是吧？现在离圣诞庆典不远了。

12月15日　星期三

离圣诞节只有十天了，我一直想念着博默德里的孩子们，并且记得在那里过的每一个圣诞节。我记不得和亲生父母一起度过的圣诞节了。在土著儿童收养院，会收到捐赠给孩子们的各种礼物。我们特别喜欢那些礼物。圣诞节的前一周，我们可能被人从教堂接到他们家里参加联欢会。他们也可能租一个礼堂，为我们举行一个大型的圣诞聚会。我想，今年他们可能还会举行那样的聚会。我不知道会不会有人想到我。

12月17日　星期五

今天学校停课，我们开始了一个月的假期。终于自由了！不再有老师，不再有书本，也没有约翰尼·琼斯令人讨厌的目光。太棒了！只是还见不到多特。我想告诉她，我已经学会唱所有的圣诞颂歌，还想告诉她我正做的一切事情。

12月18日　星期六

有一个地方就叫圣诞岛，你知道吗？想象得到吗？一年四季都过圣诞节，那该多好玩儿呀！它还是澳大利亚的一个殖民地呢！也许，有一天我能去那儿看看。

12月19日　星期日

今天做弥撒的时候，我想起了博默德里。我不知道，艾夫斯街是不是有人经常给土著儿童收养院的孩子们赠送礼物。我想象不出养母和养父赠送过，因为他们不喜欢土著人。当然，我是个例外。他们尤其不喜欢浸礼会教徒，是吧？我觉得，伯克夫妇之所以不讨厌我，是因为我不给他们惹麻烦。不像萨姆那样，常常惹他们生气。也不像索菲那样，动不动就哭哭啼啼。

12月20日　星期一

今天，索菲和我去了约翰逊先生的商店，因为我们还没有一件送给别人的礼物。我们决定，把两个人的钱凑在一起，给养母和养父买礼物。这样就能买到比较好一点的东西了。我们看到，约翰逊先生的柜台上，摆满了过圣诞节的商品。我们给养母买了一本书，是女作家欧内斯延·希尔写的《澳大利亚的孤独》。约翰逊先生说，养母一定会非常喜欢这本书。他知道养母很爱读书。这本书是今年才出版的，她一定还没看过。

我们给养父买了一条非常漂亮的海军蓝领带，我们还给萨姆买了一件礼物——一整袋糖果。我们两人希望他的牙齿全部掉光，让他看起来又丑又笨。希望养母和养父不要反对我们给他买糖果。这是圣诞节呀！我们实在买不起别的什么东西了。约翰逊先生还给了我们每个人几块糖，因为我们是慷慨大方的顾客嘛。

12月21日　星期二

今天进行了最后的排练。我觉得，演出一定会非常精彩。

12月22日　星期三

今天晚上在学校礼堂举行了圣诞演出。真是激动人心。我连不让我扮演玛利亚的事也忘记了。冬妮娅演得非常好。也许玛利亚是个意大利人吧。冬妮娅认为，玛利亚这个名字来自玛丽亚，那也许是个意大利或希腊名字。养母给我做的戏装和天使翅膀非常漂亮，只是翅膀掉了一次。

我的歌声也很洪亮。养母和养父肯定能听到我的歌声。整个演出期间，他们一直对我微笑。他们说，我让他们骄傲。

另外，我也没有把"温彻拉斯"那句歌词唱错！

12月23日　星期四

今天，索菲和我待在我们的房间里，制作送给养母、养父和其他人的圣诞贺卡。我给多特也做了一个，但把它藏了起来，没让索菲看见，怕她告诉养母、养父。我们还给萨姆也做了一个，不过，我们两人都说，他本来不该得到我们做的圣诞贺卡。那张圣诞贺卡上写着索菲和我想出来的祝愿：献给我们非常喜欢的哥哥萨姆，你在世界上最好的妹妹们敬送。爱和吻，索菲与玛丽。

他可能不喜欢那张圣诞贺卡。他不喜欢带有感情色彩的东西，说那都是女孩子们的玩意儿。我敢说，他是不会给我们圣诞贺卡的。

12月24日　星期五

今天，我们都在忙，为明天的圣诞节做准备。我们得把养父昨天买回家的圣诞树装点起来。养母在院子里栽了一些圣诞灌木，她让我砍下一些来，插在花瓶里。邻居还给她送来一些圣诞吊钟花，黄色的花苞已经绽开。

我们还得做明天吃的干果布丁。这种布丁，必须蒸够六个小时。等到明天早晨做完弥撒之后再做就来不及了。以前在博默德里，我们也吃过布丁。院长还会在布丁里放一枚六便士或三便士的硬币，而且总是想法让我得到它。

我不明白，为什么叫它干果布丁。因为养母用的是苹果、葡萄干、香料和猪油，并没用干果呀。养母也不知道为什么叫它干果布丁。她也把一枚一便士硬币藏在布丁里象征好运。真希望我能得到这枚硬币。

　　现在我很累。今天我干了很多活儿。我不能等了，得上床睡觉，睡到早晨醒来。养母和养父还在收听收音机里广播的圣诞颂歌。一个名叫诺曼·班克斯的播音员在广播中说，他可以看见一位妇女坐在自家窗前，在烛光下收听圣诞颂歌。养母说，明年她也要点燃一支蜡烛，我们大家也在烛光下收听圣诞颂歌。

　　我连明年想也不去想了。我盼望一觉醒来就是早晨。

12月25日　星期六

　　圣诞快乐！！！！你不会相信，我得到了圣诞礼物——一把崭新的吉他，虽然只是一把儿童吉他，但也让我喜欢得不得了。吉他用漂亮的包装纸包着，上面挽了一个很大的红色蝴蝶结，还有一张圣诞老人送给我的圣诞贺卡。我想，一定是伯克夫妇为我买了这把非常可爱的吉他。他们非常爱我。我虽然不是他们的亲生女儿，但他们希望我过得幸福。

　　索菲收到一个新玩具娃娃，带了好多套娃娃穿的衣服，还收到几本非常好看的书，其中有伊则尔·珀德利写的澳大利亚儿童文学读物《多特与袋鼠》。那本书是1899年写的，因此显得很旧。我不知道，养母和养父从什么地方买到那本书的。索菲很爱读书，花了一整天的时间，大声地读那些故事。不过，没有一个人听，因为听过一段以后，就让人厌烦了。

萨姆真的被宠坏了。他收到一辆很高级的黑色自行车，亮光闪闪，车把手很粗。今天他在街上来回骑了好多次。他没有带着我骑，他是个吝啬鬼。索菲和我说，以后趁他不在家的时候，我们就偷偷地骑他的自行车。我认为，应该把自行车轮胎里的气放掉。我们要互相帮助。我们俩问萨姆，他想把他那辆旧自行车给谁？他说，他宁愿把它捐出去，也不让我们得到它。他实在是个让人讨厌的男孩子。

养父给养母买了一件非常漂亮的游泳衣，让她在度假时与我们一起游泳。游泳衣的下部像短裤衩，上边系在养母的脖子上。泳装上还布满了小圆点。养母说，这件游泳衣是给有胆量的人穿的，她不知道自己能不能穿。养父说，她看起来非常漂亮，说话时，他的眼里闪过一丝亮光。

我给一家人弹奏我的新吉他，每个人都鼓掌，接着我又唱了《铃儿响叮当，铃儿响叮当》和《宁静的夜晚》。我喜欢我的吉他。

我们吃的饭很丰盛，有可口的火鸡、火腿、炸土豆片和南瓜。甜食，我们吃了布丁。真好吃。

今天，我又想起我的亲生父母。他们在做什么呢？还想起我所有的兄弟姐妹。我不知道他们有没有许多好吃的东西？收没收到礼物？有没有想我？今天，我尤其想念妈妈，因为即使我没有圣诞礼物，她也会紧紧地拥抱我、亲吻我。昨天半夜，她也不会让我做弥撒。因为那时我已经非常疲倦，都要睡着了。

12月26日　星期日

今天，我们欢度节礼日①。以前我从没过过这个节日。萨姆又开始嘲弄我，因为我不能适应这种完全陌生的习俗。他说我是原始人。他的话是那么令人不愉快，养父就让他去洗汽车。他总是在提醒我，做土著人是很不体面的。索菲和我都很解气，罚他去洗汽车，是对他嘲弄我的报应。养母告诉我，节礼日，在圣诞节的第二天过。这一天，人们用圣诞节剩下来的东西和小礼物，把空着的圣诞礼盒都装满，然后把它们送给穷人。我认为，这样的圣诞礼盒，应该送给我的亲人。因为我们是真正的穷人。我和他们一起生活的时候，压根儿就没有值得包装的圣诞礼物，更没有过剩的礼品。

12月27日　星期一

今天，我们要去度假了。我打算把你（日记本）装进我的手提包

---

① 节礼日：圣诞节后的第一个星期日。这是在英联邦部分地区庆祝的节日，这一天传统上向服务业工人赠送圣诞节礼物。

里，我也许不能每天都写，因为我不知道要去的那个地方的情况。我很兴奋，我以前从来没有度过假，但我不能大声说出来。你知道，那个人会取笑我的，是吧？我们很快就会再见面的，对吧？

12月30日　星期四

我们来到南昆士兰州的库兰盖塔。它在悉尼艾夫斯街的北面。我们花了很长的时间才来到这里。人们说，这是一个冬暖夏凉的地方，不过这里现在很热。我们打算去冲浪、游泳、划船、徒步旅行，还有打网球。我等不及了。可是，养母却让我戴上帽子，还总是吩咐我把身子裹起来。可是在阳光下多么令人高兴呀。我不在乎肤色变不变。

1938年1月1日　星期六

今天，是1938年的第一天。昨天晚上，我们在海滩上观看了烟花表演。到处是参加聚会的人们。音乐十分好听，人们笑声不断。养母和养父还允许我们熬夜，直到午夜。今天，养父看起来病得不轻。他认为，是由于吃了一些腐败的牡蛎引起的，可是养母说，他是因为喝啤酒太多的缘故。我不喝啤酒。我讨厌养父喝醉时的那副模样。

1月8日　星期六

哦，人们都在议论，1月26日，将要隆重举行澳大利亚建国一百五十周年纪念活动。养母、养父正和朋友们安排，带我们这些孩子们进城参加激动人心的活动。那里将有管弦乐队的表演、划船比赛和音乐会等活动。听起来就令人激动。

1月9日　星期日

今天下午，我们回到了家里。养母叫我去约翰逊先生的商店买些牛奶。多特正在商店里。我很久没看见她了。我正要紧紧拥抱她的时候，她却把我推开了。我的心好像碎了一样。我又试着去拥抱她。她说："不，我再也不能和你说话了。你走吧。我会惹上麻烦的。"我被弄糊涂了，不由得哭了起来。因为我不知道自己做了什么错事。多特也哭了，她把我带到商店的一个角落，弯下腰对我说，有人把我和多特见面的事告诉了伯克夫妇。养母给沙利文夫妇打了电话。他们说，如果多特继续和我说话，沙利文家就要解雇她，而且让她永远找不到别的工作。她没办法，只能回避我了。她说，她爱我，但她不得不走了。她紧紧地拥抱了我一下，就匆匆忙忙走了，扔下我一个人在商店里哭。约翰逊先生递给我一条手帕和一块糖。但没用，我心里难过极了。

我跟在多特的身后飞快地追赶，追上以后，搂住她的腰说，她不能这样对待我。我爱的和喜欢的人，都一个个离开我了——妈妈、玛伊、院长和小约翰，现在又轮到多特了。我对她说，很少有人像她这样紧紧拥抱我。她就像亲姐姐一样。我不能离开她。我一直哭，多特也忍不住哭了起来。

最后她说，她想出一个办法，让我明天下午 3 点去本格罗公园和她见面。我说我一定去。

我不明白，伯克夫妇为什么不当着我的面说我和多特的事情呢？他们谁也没有说过一句话。也许他们认为我是个孩子，过错不在我。也许因为福斯特小姐钱包被偷的事，让他们觉得，不应该凡事首先指责我，错误经常在别人。

我要告诉养母，我明天要去本格罗公园和冬妮娅聚会，然后背着她去看多特。

1月10日　星期一

在本格罗公园与多特相聚。她做了一顿简单的野餐。她说，圣诞节那天她就想念着我，然后，她送给我一份小礼物和一张很漂亮的圣诞贺卡。那份礼物是四条缎带：一条红的、一条粉红的、一条绿的，还有一条蓝的，像大海一样的深蓝色。我立即把那条蓝缎带系在头发上，并把我给她做的圣诞贺卡送给她。尽管有点儿迟了，但她非常喜欢。

我们在公园里坐了大约一个小时。多特告诉我，1 月 26 日，这座城市里将发生一个重大事件。这是一个只有土著人参加的事件。她本来想领我和她一起参加，可是，现在沙利文夫妇一直盯着她，她不能领我去了。我只得听从她的安排。

多特认为，土著人的这一事件，比伯克夫妇要去参加的庆祝国庆游行重要得多。她说，这是一次关于土著人公民权的集会。因为现在政府不允许土著人在选举中投票，也不允许他们喝酒或者去游泳池。多特说，在新南威尔士州的一些地区，土著人在电影院里，必须坐在用绳子隔离开的专门的区域。我认为，那种做法非常不对。我们都是人，不是吗？我们不是动物。她告诉我，许多白人父母，不想让他们的孩子和土著孩子一起上学。我非常难过。太可怕了。我不知道这些事情，也不知道伯克夫妇是不是知道这些事。也许我应该告诉他们。

回家之后，谁也没有问起和冬妮娅聚会的事。我什么话也没说。

1月11日　星期二

今天，约翰逊先生的商店里贴了一张宣传 1 月 26 日活动的招贴画。招贴画的背景是悉尼港的大桥和烟花。桥上有许多人，他们穿着当年第一舰队的船员登陆时穿的那种服装。你知道，那些人戴着样式古怪的帽子，穿着白色的裤子和黑色的长筒皮靴，样子非常滑稽。

1月12日　星期三

伯克一家人都在为 1 月 26 日在市里举行的游行激动。我也装得很激动，但他们不知道，我打算和多特一起去参加土著人的活动。多特也不知道我的打算。如果，伯克夫妇知道我要和多特在一起，并且知道我打算去城里参加在澳大利亚大厅举行的土著人大会，他们一定非常生气。

1月13日　星期四

悉尼到处是有关 1 月 26 日澳大利亚国庆节的招贴画，真是激动人心。今天，我看见一张招贴画，画的是覆盖在海港大桥上的一个人的面孔。那个人伸出一根手指，好像在说："到这里来吧！"今年的庆祝活动将从 1 月一直持续到 4 月。这个"生日聚会"可真是盛大啊。

1月14日   星期五

今天，我和多特又在本格罗公园会面了。她很想去参加那个大
会，因为参加会议的人们，要求停止土著人像奴隶一样做家仆的不合
理状态。她说，那样的话，她就可以做自己想做的事情了。她想当一
名小学教师。我说，我也想去参加大会。她说，不能去。如果去了，
我们俩都可能被从现在住的地方赶走。可我还是想去。

1月15日   星期六

今天晚上，养母和养父出门，去了北悉尼的奥菲姆剧院。不知
道他们去看什么节目。我和索菲留在家里。养母的一位朋友过来照看
我们。索菲离开房间，和养母的朋友在厨房里聊天。我在这里写日
记。我也想去剧院，可是养母说儿童不能去。我知道那不是真的。索
菲对我说过，去年她去那个剧院看过一场戏，演的是关于狗的故事。
她记得那个地方富丽堂皇，门厅里摆放着藤椅和盆栽的棕榈树，还有
一个能挂大衣的衣帽间。人们不必把大衣卷起来放在大腿上。她记
得，他们坐的椅子都消过毒。椅子上面铺着喷了石碳酸的垫子。石碳
酸可以杀虫杀菌。椅子靠背上，有一个类似帽夹的东西。男人可以把
帽子夹在那儿。他们需要那种帽夹，因为他们总是戴着帽子。索菲记

得，演出结束后，人们坐有轨电车和公共汽车回家。那是她在外面度过的一个令人愉快的夜晚。索菲也想去。养母说儿童不能去的时候，索菲说她去过。养母听了，脸上现出非常尴尬的表情。我知道，这是因为他们不想带我去，因为我是土著人，不能和他们坐在同一个地方。他们不得不用这种话骗我。可是，我已经从多特那里知道了这个规定。

1月17日　星期一

沙利文一家去了墨尔本，在那里度假两个星期。这样，多特就有了许多属于自己的时间，每天都可以做自己想做的事情。我想，我们应该尽量利用这段时间见面。但是，一次又一次地向养母撒谎，又让我感到非常不安。可是，我有别的选择吗？

1月18日　星期二

今天，我和多特又在本格罗公园会面了。她想说说土著人的集会，把打算参加会议的人都告诉了我。有几位著名的土著人将在会议上发表演讲。她认为，事先知道一点这些人的情况会对我有益。她说，有一位妇女名叫珀尔·吉布斯。她于 1901 年出生在植物湾，算起来她已经三十六岁了。噢，老了，是吧？她和其他人一起，正在为争取土著人获得与白人同等的权利而斗争。还有另外几个人，比如杰克·帕顿。多特知道，他出生在一个叫卡莫鲁冈加的地方，在拉佩劳斯居住过八年。她认为，杰克·帕顿的口才非常好，不止一次在悉尼管区发表演讲，谈论土著人的权利。

多特想让我知道的另一个人是威廉·费尔古森，大多数人叫他比尔。他年纪很大了，出生在 1882 年。哎呀，那可是上一个世纪啊。多特认为，比尔是一位非常优秀的演说家，和杰克·帕顿一起促成了"土著人进步联盟"的成立。组织悉尼这次土著人集会的，正是这个联盟。

多特说，"土著人进步联盟"是今年才成立的。它有三个主要目标：为土著人争取公民权利、争取使一些土著人进入议会、撤销新南威尔士土著保护局。多特说，这是一项伟大的任务。她认为，土著人都是优秀的战士，尽管我们没有枪。

1月19日　星期三

今天，在约翰逊先生的商店里贴着一张庆祝建国一百五十周年活动的新招贴画。招贴画上写着"1938 年，跟着太阳走"，上面还画着三个人：一个男人、他妻子和女儿。他们都是白人，脸上露出白人傲慢的微笑，看上去好像在显摆牙齿。

1月21日　星期五

我对多特说，我想和她一起去参加集会。她只说了一个字："不！"我非常惊讶，本来以为她想让我去呢！我问她，怎么去会场。她说，她准备坐火车从皮姆布尔到市政厅，然后再走到澳大利亚大厅。我没有把我的计划告诉她。我打算1月26日那天装病。希望养母、养父让我一个人留在家里。一般情况下他们不会那么办，但他们的朋友都要去参加那天的大游行，没有人照看我，他们就有可能让我一个人留在家里。伯克一家离开以后，我打算骑上萨姆的自行车赶到火车站，然后自己进站。我觉得我能办到。可是，如果养母和养父不让我自己留在家里怎么办呢？我不愿意那么想，我必须乐观，是吧？现在，我也激动起来了。

1月22日　星期六

今天，报纸上有关26日澳大利亚国庆节的新闻非常多。报纸

说，这一天，是庆祝 1788 年 1 月 26 日第一舰队在植物湾登陆的日
子。但是，报纸上却没写自从第一舰队登陆以来，土著人死亡的情
况。不知道为什么？也许他们都不了解那方面的情况吧。真应该有人
把真相告诉那些办报纸的人，让他们把真相登出来。

1月23日　星期日

今天，在教堂里，人人都在议论将在 1 月 27 日开始的英联邦运
动会。那一天也是我的生日。很多人抱怨去观看运动会的花销太大。
我们可能不会去观看。养母和养父对观看运动会的事连一句话也没
说，可是养父喜欢体育运动，他可能和同伴们一起去看。

1月24日　星期一

哦，就要到那个意义重大的集会举行的时间了。我还不很明白
那是一次什么集会，不过还是为它激动不已。今天，我和多特在本格
罗公园见了一面。她给我读了沙利文家的报纸，因为他们一家人还在
外地度假，所以多特能阅读他们的报纸。多特把报纸上的新闻告诉
我，我把它写在了日记上，这样就可以永久保存了。

昨天晚上（1938年1月23日，星期日），从维多利亚来的三位土著代表抵达悉尼，参加将在星期三举行的议会哀悼节（周年纪念日）的纪念活动。他们是W.·库帕，澳大利亚土著人联盟的秘书、玛乔里·塔科尔小姐和D.·尼古拉斯。

集会将在伊丽莎白大街的澳大利亚大厅举行。一位墨尔本的妇女演说家海伦·贝莉开着自己的车把代表们送到悉尼。

昨天晚上，贝莉女士说，澳大利亚土著人艰难的生活条件，引起她的同情，她把自己的时间、精力和金钱献给了他们的事业。

"我一直在中澳大利亚，并且亲眼目睹了白人对待土著人的那种堕落方式。""白人像对待牛一样对待土著人，土著妇女被诱奸，男人们被鞭打或者被杀死。"

报纸上的这条消息让我了解到，灌木林和沙漠里土著人的生活状况。听起来非常悲惨。多特对我说，大多数土著人是非常不幸的。极少数土著人可能有我吃的那种食物、我上的那种学校，还有我用的那些日常用品。我是他们中的一员，是吧？可是，那些苦难中的土著人能和家人在一起。在我看来，这更重要。

另外，我要去查一查"诱奸"这个词儿。我想，它也许和院长所说的那种涂脂抹粉的女人有关系。

1月25日　星期二

哦，我病了……不过这是 gammin——多特教给我的一个土著语词汇，意思是"假装"。我正在为明天"装病"练习。我没有把我那份晚餐全部吃完，这样看起来就像有病。我们吃的菜有球芽甘蓝，也许是那道菜使我生病了。我让索菲摸我的前额，让她相信我发烧了。就这样，她无形之中就站在了我这边。她真是一位不错的妹妹。现在，我们之间的关系比我刚来这里时好多了。

1月26日　星期三　澳大利亚国庆节

啊，我成功了。太棒了！我已经离开家，此刻正坐在火车上。这正是我的字写得歪歪扭扭的原因。但愿你能看懂。

一觉醒来，我就装出一副生病的样子。养母说，我得卧床休息，还说她要留在家里陪伴我。可是从她的表情可以看出，不能去参加国庆游行她非常遗憾。养父问，如果他把门锁上，我能不能保证待在床上，让养母能去参加大游行。我说，当然可以。于是，他们就参加大游行去了。

接下来，我就将计划变成行动。伯克一家人离开之后，我就换上最好的衣服，然后骑上萨姆的自行车，直奔火车站。但愿没有认识我的人看见。我的心在狂跳。我不得不把自行车蹬得飞快。这一次我的行为非常非常出格。如果养父母知道了,他们会非常生气。萨姆会怎么样?如果他看见我骑着他的新自行车,他会杀死我的,是吧?然而,骑着自行车,风吹着脸,多么令人愉快啊!我想起在博默德里时,常常骑修女们的自行车的情景。

我把自行车藏在几棵树的后面,但愿不要被人偷走。我觉得没人看见我把自行车藏在那里。在火车站,我看见在学校里见过的一些人,但没人注意我。我想,他们都在为进城参加国庆游行而激动呢。后来,约翰逊先生从商店里看见了我,说了一声"哈罗"。我只是说,我不能和他多说了,因为养母和养父正在那边不远的地方等着我呢。他根本没想到我在撒谎。我想,也许玛丽·泰伦斯将来应该当个演员,是吧?

我登上火车,然后按照多特说的路线,在市政厅站下了火车。到处是人。完全依靠自己的力量做到了这一切,我都不敢想象。但我又非常激动,心跳得也非常快。你知道,当一件重大的事情即将发生时,你也会紧张吧?

10点,我就到了伊丽莎白大街148号澳大利亚大厅。参加集会的人,都已经站在大厅外面了。会议还没有开始。因为他们得站在大厅外面,等待另外那场大游行开始。我非常焦急,四处张望,我是完全靠自己来到这里的。我觉得自己做出这么冒险的事,一定是发疯了。我还只是个孩子呀。如果多特不来怎么办?不,她肯定会来的。

我四处张望，看到也有别的孩子。有的年纪还小，但不是婴儿，年纪只比我小一点点，和他们的父母亲在一起。人们一定以为我也是和父母亲在一起的，没有人怀疑。后来，我突然看见多特的帽子。那是她在特殊场合才戴的一顶非常漂亮的帽子。她转身看见了我，脸上露出灿烂的笑容。我向她跑过去，她紧紧地抱住我，好像很久没有看见我了。她说，她知道我会来，但又为我担忧。我对她说，一切顺利。我还对她说，我绝不会错过这次会议。就连养母做的巧克力蛋糕，也不能把我留在家里。我就是要来参加集会。

后来，我们就站在那儿等着。多特和那些人聊天。他们都比我高。有人递给我一张传单，上面印着"土著人要求公民权"，还印着杰克·帕顿和威廉·费尔古森的名字。多特曾经跟我说起过这些人，也说过公民权的问题，这让我非常高兴。我知道正在发生的事情，觉得自己很聪明。我还感到亲切，因为小册子上说："只有土著人和有土著血统的人才被邀请参加集会。"而我就在被邀请的行列当中。这就是说，白人不能参加。在所有参加集会的人眼中，我的确是个土著人。我喜欢这种感觉。我一点儿也不觉得羞耻。那里的土著人真多。我从来没有在同一时间，同一地点看见过这么多土著人。肯定有一百多人，每个人都打扮得漂漂亮亮，看起来像去教堂或什么地方的样子。站在土著人当中，我觉得非常亲切。不像在学校或者教堂。在那些地方，我总有一种和别人不一样的感觉。这里与儿童收养院也不一样，这里是清一色的土著人。而在博默德里，院长和修女们都是白人。与清一色的土著人在一起真是好极了。

　　集会在下午 1 点半钟才开始。帕顿先生讲演时非常愤怒。他讲到白人对待土著人非常不公正的问题，还讲到我们应该有发言权。正像多特以前对我说过的那样，帕顿先生说，新南威尔士州的土著保护局应该被撤销，也就是驱除。他还说，土著人是澳大利亚人，而白人是新澳大利亚人。约翰尼·琼斯说，冬妮娅和别的外国人都是新澳大利亚人，那是多么可笑呀。他肯定不知道，他才是新澳大利亚人呢，是吧?

　　看起来人人都同意他说的话。接着，他宣读了印在小册子上的一份声明。声明不仅代表参加这次集会的所有土著人，也代表那些不能来参加集会的土著人。因为大多数土著人来悉尼要走一段很长的路。

　　我要把帕顿先生宣读的那份声明写在日记本上。应该把那本小册子扔掉，不能被养母发现。她会打听我从什么地方得到它的。我希望她从来没有看过我的日记，不然的话，我会惹上非常大的麻烦的。很幸运，索菲不知道我把你藏在什么地方，不然的话，她每天晚上都会阅读你，查看我写了有关她的什么事，我明白这一点。

　　小册子上的声明是这样的:

　　1938年1月26日，是白人占领我们国家的一百五十周年纪念日，我们代表澳大利亚的土著人在悉尼澳大利亚大厅集会，抗议过去一百五十年来白人对土著人的残酷迫害，并且呼吁今天的澳大利亚政府，制定对土著人的教育和福利的新政策。我们还要求，制定土著人享有全部公民权和在社会中享有平等地位的新法律。

现在，我不得不把你收起来了，因为我马上就要下火车了。我一回到家里，这段经历就要告一段落了。我们必须飞跑回家，抢在养母和养父的前面。

我回到家里了，又能和你聊天了。我们集会期间，发表演说的人很多。我一直听着，有时觉得厌烦了，可是人们的掌声和欢呼声很热烈，于是我就又打起精神。他们正在谈论土著人的公民权。我看见威廉·库帕先生和费尔古森先生。费尔古森先生正谈到，应该有帮助土著人的土著教师和土著修女。我看见多特笑了，因为她想当老师。

还有一位妇女，多特告诉我，名叫珀尔·吉布斯，看起来是一位非常能干的太太。珀尔·吉布斯太太说，在布鲁里拉一带，土著人连煮粥的牛奶都没有。瞧！索菲每天晚上都要给她的猫喂牛奶，而那些土著人连煮粥的牛奶都没有。听起来太不公平了，是吧？多特说，珀尔·吉布斯是位豌豆采摘工，也是一名"工会主义者"——把工人们组织起来的人。

发表演讲的还有一位福斯特先生。不过，我觉得他和我们学校的福斯特小姐不是亲戚。这位先生来自拉普鲁斯。他说，酒对土著人危害极大，而酒是白人第一次来这里时带到澳大利亚的。罗斯院长说过，我们根本不应该喝酒，但她没有说，是白人把酒带给我们喝的。这件事把我搞得稀里糊涂。

集会上有许多著名的土著人。能这样接近他们，使我感到非常意外。我也在四处张望，努力寻找我的亲人。有几次我看见几个女人，觉得很像我妈妈。许多妇女戴着很漂亮的帽子，有些还戴着手套，穿着式样时兴的鞋，还配着女用小提包。

多特把我介绍给许多朋友，我只是不停地微笑。说不定他们中有从我的家乡远道而来的亲人。

后来，多特去洗手间的时候，我自己坐下来，唱起妈妈教给我的那首，我已经忘记最后一句歌词的歌。这时，紧挨着我坐的一位太太也唱起这首歌来。我差一点从椅子上摔下来，我以为这位太太一定是我的亲妈。可是，这位非常漂亮的太太说，她是格里菲斯人，会唱这首歌，最后一句歌词是"我将永远不再爱那双蓝色的眼睛"。她说，她的孩子们小的时候，她常常给他们唱这首歌。我对她说，过去妈妈常给我唱这首歌，不过我是库拉人。她说，也许她能弄清楚谁是我的妈妈。

多特回来以后，她从多特那里了解到我的全部情况，然后说，以后她会通过多特和我联系。她说的话是什么意思？也许她能为我找到妈妈，告诉妈妈，我还活着，只是改了另外一个名字，住在艾夫斯街，我依然是个土著人。

也许，我将有机会再见到她，不会太久。想象得出那将是怎样的情景吗？我只能想象。我将穿上那件黄色连衣裙，配上缎带，弹着吉他，给她演唱那首我写的关于她的歌。我想，她一定会喜欢这首歌。下次见到多特的时候，我一定要问她那位太太是谁，她能不能找到我的妈妈。我只希望这件事不要被养母和养父发现，倘若知道了，他们会认为我不喜欢他们。而这不是事实。我只想再见见我的生身父母，告诉他们这些年来我的情况。

最好还是把灯关了吧。他们很快就要回到家里了。我最好看上去像整天躺在床上的样子。我打算明天给多特写一首歌，因为她对我一直很好，像一位长辈。哦，对，大姐姐。

又及，最后的一点想法。今天对白人和土著人有不同的意义。对白人来说，这一天庆祝他们已经取得的胜利。但对土著人来说，这一天是哀悼，哀悼为了白人的胜利，他们不得不放弃的一切。我不知道白人知不知道土著人是从哪儿来的！

1月27日　星期四　我的生日

今天是我的生日，但昨天我做的事，比我长到十一岁更令我激动。伯克这家人虽然把一个插着蜡烛的生日蛋糕和一些很漂亮的生日礼物送给我，但他们每个人谈论的依然是国庆节游行的事情。

　　索菲说，观看游行的人大约有一百多万，市里插满旗帜，铜管乐队穿街而过，还有巡游女郎等等。她还说，还有土著人。市政大厅举行文艺演出，一些白人学生把皮肤涂成棕褐色，装扮成土著人，转着圈跳舞。我敢肯定，他们演的正是多特所说的那种歌舞。可是索菲说，伴奏的音乐像是歌剧，这听起来就不对了，是吧？谁都不可能用狄杰里多木号和拍板演奏出歌剧音乐来，可能吗？

　　养母说，那个节目表演的是舰队第一次从英格兰抵达澳大利亚的时候，法姆湾那边岸上的土著人等待观望的情景。她说，观众都向手持木棍的土著人喝彩。多特说，土著语把棍子叫"nullu-nullus"。那些土著人，一定是多特对我说过的米宁迪土著保护区的居民。因为在这个城市的任何地区，都别指望有土著人。为了让土著人在沙滩上表演歌舞，他们只能用卡车把土著接到城里。多特说，白人入侵澳大利亚就不对，他们不应该再错下去了。

　　索菲说，她喜欢悉尼港口的大军舰，因为军舰上有许多漂亮的水兵。我说，我只喜欢合唱队的乔伊，将来我会嫁给他，而不是嫁给某个水兵。萨姆说我在做梦。正相反，他才是个没有任何姑娘喜欢的讨厌鬼呢！我觉得，也不会有任何一个男孩子喜欢他！

　　我听着索菲讲述那天的经历，但并不专心。我只想回忆我做过的事和见过的所有人。也许我能找到妈妈，或者，也许她能先找到我。那才是世上最好的生日礼物呢！是吧？你知道我真正喜欢什么吗？我喜欢的是，每一个人都为自己是土著人而骄傲，不像在学校里，人们让你为自己是土著人而感到羞耻。人人都说自己是土著人，而且感到骄傲。我不想再让人对我说，我必须变成白人，因为那是不对的。我觉得，我应该对养母说，如果她真像爱女儿一样地爱我，那么，她就必须爱原来的我，是吧？我是一个土著人，我为此而感到骄傲。

历史背景介绍

　　澳大利亚新南威尔士州有一个名叫土著保护局的行政机构，成立于 1883 年。1940 年，土著保护局改名为土著福利局。这些机构控制着土著人，直到 1969 年。每一个州都有一个这样的机构，遍及澳大利亚的整个领土。这些机构认为，土著儿童要想过上幸福生活，唯一的途径是离开他们的家庭，被白人家庭或者孤儿院收养，即使他们的亲生父母不愿意让他们离开。

　　1909 年到 1943 年期间，政府还制定了许多关于土著人的政策，这些政策被称作《新南威尔士土著人法》。法令规定，土著保护局控制土著人的生活，包括付给他们的报酬是多少钱，这些钱由谁掌管，土著人可以去这个国家的什么地方旅行，土著儿童在什么地方上学，甚至还包括土著人能不能讲自己的语言、跳自己的民族舞蹈、能不能举行自己的宗教活动。正是这部《土著人法》，规定土著保护局有权把土著儿童从他们的土著家庭里迁走、偷走，或者带走，然后让他们在别的地方生活，并且不告诉他们这么做的原因，或者不让他们知道自己的亲人们在哪里。

1915 年到 1939 年期间, 任何一个警察局的局长或者警察, 只要认为土著儿童在别的什么地方更好, 也就是说, 在白人家庭、在土著儿童收养院, 或者在职业培训班更好, 他就有权把土著儿童从他们的家庭里带走。政府还宣布, 具有混血血统的土著人, 也就是父母双方中有一方是土著人, 另一方是非土著人的土著人, 可以得到"豁免证书"。这种证书有时被称为"狗牌照"。得到这种证书的人再也不会受到土著人那样的待遇, 但必须假装成白人, 并被禁止和自己的亲人有任何联系。

政府认为, 他们发出的这种证书越多, 演化成白人的土著人就越多, 因此, 他们认为这是一件好事。这是他们同化土著人的一种途径。"Assimilate"(同化)是一个以大写字母 A 打头的词汇。在书中, 多特对玛丽说, 同化就是使土著人变得更像白人, 也就是说, 他们必须接受白人的宗教信仰、教育和生活方式。教会的传教士和学校负有把土著人吸纳入白人世界的使命。因此, 教会和政府都拨款, 协助完成这一使命。20 世纪 50 年代, 政府发表声明, 说他们希望土著人享有选举权，但不能与白人同工同酬。当时，被政府从家庭中带走的土著儿童占土著儿童总数的七分之一；而同一时期白人儿童被收养的比例只有三百分之一。

让那么多的土著家庭、部落和社会几乎完全毁灭的原因，正是这种"保护"和同化政策。被从家庭中夺走的土著儿童变成所谓的"被偷走的一代"，其人数在一万五到两万之间。在第一次世界大战期间，有四百到五百名土著人参军。被政府从家庭中强迫带走的土著儿童中，甚至就包括那些父亲正在海外作战的土著儿童。

直到 1957 年，土著福利局才迟迟刊登广告，寻找愿意收养土著儿童的白人家庭。这样一来，政府花费的钱就不像开办收养院那么多了。那些领养家庭一般都能善待领养的儿童。他们认为，他们的使命就是使土著儿童很好地融入白人社会。书中玛丽的故事发生在领养土著儿童政策公布之前。当时，肤色较浅的土著儿童较易被领养，因为没有人知道他们是土著人。但是，人们都知道博默德里收养院的儿童是土著人，因此不愿意到那儿去领养。

博默德里土著儿童收养院始建于 1908 年，当时收养了七个土著儿童。后来一度同时收养着四十七个土著儿童。收养院隶属博默德里土著局，由土著联合会管理，直到 1988 年。

库塔芒德拉土著女童收养院建于 1911 年，金切拉土著男童收养院建于 1924 年。这是两所培训收养院，主要目的是把土著儿童培训成为家庭佣人或者农场的劳工。

1908 年，（新南威尔士州）土著人联合会成立，帮助与亲人失散的土著儿童寻亲。